若狭路文化叢書　第十八集

JN084707

写真で綴る

若狭南川流域の民俗行事

若 狭 路 文 化 研 究 所

協賛：(公財)げんでんふれあい福井財団

発刊にあたって

若狭路文化研究所 所長　多仁 照廣

須川建美さんは、まさしく"愚直の人"です。若狭松下電器(株)を退職される前に、将来のことを考えて写真の技術を学び、退職されてからは、若狭路を中心に民俗行事や神事・祭礼を写真で記録することを徹底しておこなってこられました。それもただ写真を撮るのではなく、その準備の過程から地区の方々と接触して、行事をめぐる伝承や現状を具に聞き取り調査してこられました。したがって、一つの行事を取材するのに幾度もその地区を訪ね、地区の人々と交流して、その心の襞に配慮しながらひたすらシャッターを下ろしてこられたのです。

丹波の美山と境を接する若狭名田庄を源流として、遠敷郡を流れて小浜の海に達する南川の流域集落の民俗行事を丹念に追い続けた写真は、その写真に添えられた文と共に、急変貌する現代において、現状を切り取って記録する極めて貴重な風景と聞き取り記録となっています。その取材の姿勢は、まさに愚直の極みであり、他の人が及ぶことのできない徹底さです。したがって、須川さん自身がエクセルを駆使してPDF化された紙面を、発行者である我々が手をつける余地はなく、提供されたPDFデータをそのまま印刷しました。

実は、若狭路文化研究所の前身である若狭路文化研究会から、若狭路文化叢書第13集として『福井県のまつり　健康と諸願成就を祈る 庚申さん』を2016年に刊行しました。須川さんは、この他にも、ご自分でプリントされた私家版の民俗行事の写真を製本し、取材した地区や図書館に寄贈されています。その精力的な活動には感心するばかりです。

巻末に、若狭路文化研究所副所長 垣東敏博氏に、特別寄稿していただき、須川さんの取材されたことが、どのように貴重であるか、課題も含めて書いていただきました。学問上の観点からの評価と批評をわかり易く書いていただけたと思っています。

本書の刊行を企画した背景として、コロナ感染症の流行と民俗行事などに対する影響への危惧があります。2020年6月13日、神戸大学奥村弘教授を代表とする歴史資料をめぐる共同研究の会議がオンラインで行われました。その場で、コロナウイルスの流行によって、従来から少子高齢化と人口減少による担い手不足で、なんとか継続してきた各地の民俗行事や祭礼が、これを機に中止となり、中にはそのまま止めてしまう懸念があることを指摘しました。実は、この懸念が本書の刊行の動機でした。須川さん、垣東さんが、そうした私の懸念を共有していただけたことに感謝申し上げます。

須川さんは、今後も若狭路の民俗行事や祭礼を、カメラを持って追い続けられると思います。そして、写真だけではなく、行事・祭礼の準備の段階から担い手の人たちに接して、話を聞いて記録されていくものと思います。冒頭に、失礼は承知で、"愚直の人"であるとさせていただきましたが、この愚直さは、若狭路の文化を支えていく力となっていくことを確信しています。今後も健康に気をつけられて写真を撮り続けていって下さることを期待しています。

最後になりましたが、若狭路文化研究所の叢書刊行にあたり、助成をいただいている(公財)げんでんふれあい福井財団に対し、深謝申し上げます。

はじめに

　若狭地方とは福井県西部の江戸幕府大老・酒井忠勝が治めた地域を指し、ＪＲ北陸本線の敦賀駅から西へ舞鶴市までＪＲ小浜線が通る福井県沿線地域をおおむね指す。若狭は古くは大陸文化の玄関で、多くの寺社を有し小浜市は「海のある奈良」と呼ばれる。大陸文化は背後の山を越え琵琶湖を舟で渡り、あるいは陸路で都へ伝わった。小浜市は若狭湾の海の幸を都へ運んだ鯖街道の起点で古くから「京は遠ても十八里」と言われ、都の食を潤した御食国でもある。

　若狭地方には主要な川が４つあり、南川は若狭地方の中央部に、西に佐分利川(大飯郡おおい町)、東に北川(三方上中郡若狭町)、耳川(三方郡美浜町)である。 南川は京都府との県境を源流に、おおい町名田庄から北東に流れ小浜湾に注ぎその先は若狭湾で、その流域面積は約２１２km²を占める。

　南川の最深部で山を越えれば京都府という位置に納田終があり、この地は平安時代から陰陽師・安倍家の荘園で、京から応仁の乱の戦火をのがれて第３１～３３代までが１１０年余にわたりこの地で暮らし、その墓は現在も保存され県の史跡になっている。そのような事から住民は「そち(あなた)、ござった(来られた)、おらんすかの(居られるか)」等の公家言葉を現在も使うのだといわれている。その頃の住居跡そばに天社土御門神道本庁が鎮座され、陰陽道の「星祭本命属星祭」や天壇では「夏越祓・

天社土御門神道本庁の天壇

八朔祭り」が行われ、東北や近畿地方からも多くの参詣者が参加し祭事が行われている。また、天文道や暦道を伝えた陰陽道にちなんだ暦会館が近くにあり全国から来訪者が絶えない。

　南川の本流沿いに国道１６２号線(周山街道)が京都まで通じ、西の鯖街道とも呼ばれる。この街道沿いでは京都愛宕山の愛宕信仰の火祭りが多く行われ、通称「松上げ街道」とも呼ばれる。流域では２３ヶ所で松上げが行われており、全国の柱松(松上げ)行事を調査され『祭礼行事「柱松」の民俗学的研究』(岩田書院発行・2018)を著された小畑紘一氏は、福井ライフ・アカデミーふるさと講座で「南川流域は日本で指折りの密度をもつ地域」と指摘されている。

　中流域の中名田地区には平安時代の武将坂上田村麻呂が京都上賀茂神社より延暦八年(789)に勧請されたという加茂神社が鎮座され、西へ１kmに田村薬師(長田寺)があり、前を流れる川は田村川、収穫された米は田村米と呼ばれ田村麻呂と関係が深い。また、江戸時代から２２の株講が続けられており、若狭和紙は古くから作られている。

若狭小浜城

南川河口は北川と隣接し両川に挟まれて小浜城(県史跡)がある。小浜城は「お市の方」の三姉妹の次女・お初 (長女は秀吉の側室・茶茶、三女は三代将軍家光の妻・お江) を嫁に持つ京極高次が手掛け、酒井家が完成させて明治の廃藩置県まで１３代続いた小浜藩主の居城である。また、『解体新書』を記した小浜藩医杉田玄白や幕末の志士梅田雲浜の故郷でもある。

　この流域は京の都と近い事から古くから鯖街道を通じて人や物の往来があり、京都以外では珍しい無言仮面劇の和久里壬生狂言(国選択無形民俗文化財)や六斎念仏(県・市無形民俗文化財)、化粧地蔵の風習が伝承されており、京文化の色彩の濃い地域である。

　本誌は南川流域で行われている「民俗行事」を尋ね８１の祭事を収めたものである。

＝ 目 次 ＝

　　　　　　　　　　　　　　　　垣東敏博

あとがき

　表紙写真−左上より右へ　上段 和久里壬生狂言・松上げ
　　　　　　　　　　中段 棒振り大太鼓・雲浜獅子
　　　　　　　　　　下段 祇園祭・おかわ

　裏表紙写真−上田岩井谷秋祭り

1）南川と流域について

　南川は若狭地方中央部の河川で、京都府との県境を源流におおい町名田庄から小浜市の東部を流れ小浜湾に注ぐ。小浜湾が位置する地形はリアス式海岸で沿岸部は天然の良港で、小浜港は古くは大陸文化の玄関であった。室町時代は造船所もある国際貿易港であり、１４０８年将軍足利義持と親交を求めて南蛮船が着き、贈り物の「象」が日本初上陸した地である。南川の本流は約３２ｋｍの長さと多数の支流があり、その流域面積は２１２ｋ㎡を有する。昭和二十八年(1953)台風１３号で本流や支流が氾濫し、多数の人的や流域の田畑を全滅に近い被害を与え、幾つかの民俗行事を中止に追いやった

丸枠部拡大　南川流域　　　　　丸枠部は南川流域の位置

河川でもある。本流沿いに京都へ１６２号線が走る。流域にはおおい町名田庄、小浜市中名田、口名田、今富、雲浜、小浜の地区があり、集落数は５８、人口は１万人強を数える。

　<u>名田庄地区</u>―福井県最南端で京都府と接し標高871ｍの頭巾山や八ヶ峰、三国岳と800ｍを超える峰々が連なる分水嶺となっており総面積の８９％を山林が占める。地区には堀越川、野鹿谷川、染ヶ谷川、久田川、堂本川等があり、ほとんどが県境を源としている。「急流のせいかプランクトンやバクテリヤはほとんど検出されない。積雪日は昭和四十年頃は年間５９日ほどであっ

たが、古老によると８０数日間雪に閉ざされた事もあった」と昭和四十六年発行の『名田庄村誌』にある。名田庄は古代末期から中世を通じて荘園名で、その歴史と変遷は『名田庄村誌』に詳しい。久田川上流には皇子塚があり五世紀中頃に皇子継承に絡む争いで殺された第１７代履中天皇の皇子「市辺押磐」(いちべおしわ)の墓(町史跡)といわれている。国道162号線の県境堀越峠麓には「道の駅」がある。北に中名田地区と接する。

　<u>中名田地区</u>―四囲を山に囲まれ海抜８０ｍほどにあり田村川、深谷川の支流がある。耕地はそれらや南川に接する部分で多くはない事から、和紙製造や炭焼きが発達してきた。和紙は若狭和紙と呼ばれ大正十年には３０４軒、職人１０９５人と大きな産業であったが、前述の台風で壊滅的な打撃をうけ今では数軒を残すのみとなった。強度のある若狭和紙は浅草雷門の大提灯にも使われた。地区の中心部に平安時代の武将坂上田村麻呂が京都上賀茂神社より勧請したという加茂神社があり、秋祭りは神楽や大太鼓、浦安の舞が奉納され賑わう。北に口名田地区と接する。

　<u>口名田地区</u>―支流に窪谷川、五十谷川、奥田縄川、須縄川があり、山林は７６％を占める。古くは五世紀後半に須恵器が作られており相生等の窯跡から発見されている。江戸中期(1736〜1741)には瓦が作られ南川の水運を利用して河口に運ばれ、若狭瓦は北前船で遠く北海道へ運ばれた。小樽倉庫が博物館に改築された際、屋根の鯱鉾に当地の地名と生産者四方吉次郎の銘が残る。明治四十年頃には瓦約２４０万枚が生産されたが、現在は良質の粘土が取れなくなり瓦を焼いたダルマ窯のみ残されている。(『口名田郷土誌』より要約) 北に今富地区と接する。

　<u>今富地区</u>―南川の河口近くに位置し海抜５ｍほどの農業地帯である。「京は遠ても十八里」と言われる鯖街道沿いにあり、京都以外では珍しい無言仮面劇の和久里壬生狂言が伝承され国選択

無形民俗文化財になっている。また、歴史ある妙楽寺、円照寺、多田寺は仏閣や仏像が重要文化財になっている。河口の雲浜地区、小浜地区と接する。

　雲浜地区—小浜城主酒井家の産土神であった廣嶺神社が鎮座され、保有される「小浜祇園祭礼図」絵巻(長さ・幅約19m・30cm)には江戸後期の出し物、神輿、棒振り、山車等の数々と1600人を超える子供から婦人までが活きいきと参加している様子が描かれ、その様子は『うきたつ人々』(福井県立若狭歴史博物館)に詳しい。現在も祇園祭は伝承され絵巻に描かれている障子鉾、鎌鉾、神輿３基が賑やかに巡行され、神輿は海上を漁船で渡御される。また、南川と北川に挟まれた河口に海城小浜城がある。京極高次が手がけ江戸幕府大老酒井忠勝が完成させたが、明治の火災で多くの建物を失い石垣が残る。時報として鳴らされた太鼓は、お城祭りで棒振り大太鼓で活用されている。西日本では珍しい一人立ち三頭獅子舞が伝承されている。西に小浜地区と接する。

　小浜地区—流域最大の繁華街で沿岸部から海産物が集まり、京への「鯖街道の起点」である。男山区に鎮座される八幡神社は神護景雲三年(769)千三百年ほど前に九州宇佐八幡宮より勧請されたという歴史ある神社で、毎年秋には獅子、山車、棒振り大太鼓、神輿、神楽が２４区から奉納され街は放生祭一色になる。小浜城主酒井家の菩提寺空印寺境内には八百比丘尼が入定したという洞窟があり、民俗学者の柳田国男も考証されたと『若狭小浜今昔物語』にある。

２）流域の民俗行事について

①松上げ

　松上げは、上げ松・投げ松明等とも呼ばれ学術用語で「柱松」とされる。それは愛宕信仰で行われ、流域では２３集落で実施され、過去実施の集落を含めると３９ヶ所になる。高さ１５ｍほどの柱(トロギ)の先端に、稲藁等を詰めたジョウゴ型の松明受け(モジ)に御幣を挿して立て、神の御降臨を願い、松のジンを２cm角・長さ１５〜２０cmほどの短冊にし、それを針金で束ねて直径１０cmほどの円柱にして松明とし、火を点けモジめがけて投げ上げる行事である。松明がモジに入りモジが燃えるまで行われるのが慣わしで、夜を徹して翌日まで行われた集落もある。当日早朝から京都愛宕神社へ代参したり、集落の愛宕神社へお参りし蝋燭に点火した火を元火に行われる。

松明作り

集落の愛宕神社参詣・モジ作り

トロギ立て

松上げ

　この行事のご利益は「火伏せ」で、愛宕の修験者が広めたとされる。目前の山を越えた京都府南丹市美山町でも４集落で行われており、行事は「上げ松」と呼ばれるが愛宕信仰である。愛宕神社は京都高雄愛宕山(924m)に、大宝年間(701〜704)修験道の役小角(えんのおずぬ)や白山開祖の秦澄らにより創建されたとされ、全国９００社の総本社として鎮座される。本殿奥には槍を手に猪に跨

る烏天狗が勢いよく疾走する巨大な絵が残されており、参道には要所要所に猪が駆ける道標がある。本地仏は白馬に跨る勝軍地蔵で、軍神として武将の信仰が厚かったとされる。

　西へ山を越えた佐分利川流域のおおい町福谷や鹿野では火勢(カセ)と呼ばれる火祭りが行われているが、催行日が地蔵盆から８月１４～１５日になり、愛宕信仰から精霊の迎え盆・送り盆行事になった。火勢は写真の形式で柱先端に御幣はなく、柱に横棒を括り先端に茅や稲藁束を結び、火を点けて柱を立て、柱を回転させ三度倒される。高浜町山中では愛宕神社境内に火勢形式で２つ組立て、愛宕信仰の火祭りが行われていたが、現在は境内で稲藁の束を積み、燃やされている。隣集落の下や鎌倉でも愛宕信仰で火勢方式の火祭りが行われていたが中止されている。

おおい町福谷の火勢　　　　横棒先端の茅や稲藁の束　　　　火を点けて立て回転する火勢

　遠くは鹿児島県硫黄島や当地に何度も実地調査に来られ、全国の柱松行事３００余を調査され、令和元年に県立若狭図書学習センターで講演された小畑紘一氏の著書『祭礼行事「柱松」の民俗学的研究』(岩田書院・H30)には、目的や祭場・日時・柱松の仕様・行事次第・過去実施した地等が詳細に紹介され、この種の行事は富士川流域から西へ鹿児島県まで行われており、その目的は火伏せや急流で水難死された人の供養、洪水被害防止、牛馬御祈念、疫病退散、五穀豊穣、大蛇退治、初盆供養等があり呼び名も一様でなく、また、これほど多くの地で実施されながら全国的に脚光を浴びなかったのは実施集落が県の一部に偏っており、全県的な広がりが少なかった事が考えられると指摘されている。たしかに福井県でも南川流域のみで行われている行事である。

　松上げを実施されているのは、おおい町名田庄で１１ヶ所、小浜市で１２ヶ所あり「愛宕さんの火祭りで火事になる事はない」と信じられている。かっては山中の愛宕神社境内で実施されていたが、昭和三十年代半ばから化石燃料の普及に伴い、山の木を焚き木として伐採する事が少なくなり、山に木が生い茂り山火事への懸念から河川敷で実施される所が多くなった。現在でも神社境内で行われている所は５ヶ所(棚橋・小向、塩瀬、伏原、神田、大宮)ある。御利益が愛宕信仰以外の二百十日の風水害防止(五穀豊穣)の所は２ヶ所(大原・上和多田、塩瀬)、家内安全が1ヶ所(滝谷)あり、２本トロギ(大人用と子供用)の集落は５ヶ所から少子化で４ヶ所(下、上田、竹本・清水、大原・上和多田)になった。

　松上げの柱は杉の丸太が多いが、柱を角材にしその中に一回り小さい角柱を組込み、下部で組み込んだロープを引っ張る事で中の角柱を上下させ、高さを可変できる箱ロギを使用されている所が２ヶ所あり、その高さは一段と高く２０ｍを超える。「松明が上がらない時は高さを低くした時もあった」とお聞きした。最初にモジに火を点けた一番松には賞品授与や氏名が残される。

①-１)　現在松上げ実施集落は下記の通りである。…地図は１３ページ参照

　　　①おおい町名田庄

No.	集　落　名	場　　所　　等	ご　利　益	実施日	特　徴
1	尾之内(オノチ)	弥勒堂横広場、以前2本	愛宕信仰・当日京都代参	8/23近辺	箱ロギ

No.	集落名	場所等	ご利益	実施日	特徴
2	兵瀬(ヒョウゼ)	南川なかよし橋、以前2本	愛宕信仰	8/23近辺	箱ロギ
3	虫鹿野(ムシガノ)	久田川河川敷	愛宕信仰	8/23近辺	箱ロギ保管
4	久坂(ヒササカ)	南川河川敷	愛宕信仰	8/23近辺	復活
5	堂本(ドウモト)	南川河川敷	星のフィエスタ祭の一部	お盆の頃	夏祭り
6	小倉(オグラ)	南川河川敷	愛宕信仰	8/23近辺	箱ロギ保管
7	下(シモ)	南川河川敷、2本	愛宕信仰	8/23近辺	
8	井上(イガミ)	南川井上橋	愛宕信仰	8/15	隔年
9	口坂本 ※1	山上の愛宕神社前	愛宕信仰	8/23	「大」字提灯
10	中野	南川中野橋	愛宕信仰	7/24近辺	柱無し
11	棚橋・小向(コムカイ)	山上の愛宕神社前	愛宕信仰	7/24近辺	柱無し

※1－口坂本は松明投げあげ式ではないが、行事を松上げと呼ばれ愛宕神社境内で実施している。

②小浜市

No.	集落名	場所等	ご利益	実施日	特徴
1	上田(小村・岩井谷・持田)	田村川上田橋、2本	愛宕信仰	8/23近辺	
2	竹本・清水	田村川薬師橋	愛宕信仰	8/23近辺	
3	岸	田村川下田橋	愛宕信仰	8/23近辺	
4	山左近・脇原	田村川脇原橋	愛宕信仰	8/23近辺	橋上直会
5	塩瀬	稲荷神社横広場	二百十日・五穀豊穣	9上旬	稲荷神社
6	大原・上和多田	田村川上和多田橋、2本	二百十日・五穀豊穣	9上旬	橋上直会
7	窪谷 ※1	窪谷川相生橋	愛宕信仰・五穀豊穣	8/23近辺	カラス
8	滝谷 ※2	天満宮下河川敷	家内安全・無病息災	8/23近辺	伊勢音頭
9	伏原 ※3	愛宕神社境内	愛宕信仰	7/15近辺	巨大松明
10	小浜神田 ※3	愛宕神社境内	愛宕信仰	同上	小型松明
11	小浜大宮 ※3	愛宕神社境内	愛宕信仰	同上	小型松明
12	小浜貴船	貴船海岸白鳥テラス	マリンピア祭りの一部	8/1	夏祭り

※1－窪谷は愛宕信仰で地蔵盆の頃に行われるが、モジの先端に藁製のカラスが団子を口にくわえて作られており、五穀豊穣のカラス勧請に繋がっている。

※2－滝谷は以前は対岸の山中に鎮座される愛宕神社境内で行われていたが、現在は天満宮から松明を肩からぶら下げ、伊勢音頭を唄いながら南川河原に下り、松上げが始まる。

※3－伏原、小浜大宮、小浜神田は松明投上げ式ではないが、松明を作り愛宕信仰で実施している。

①-2) 以前松上げが行われていた所

名田庄	①木谷、②出合、③永谷、④虫谷、⑤堂本※1、⑥槙谷、⑦染ヶ谷、⑧大滝、⑨納田終白矢、⑩納田終老左近　の10集落
小浜市	①脇原※2、②小村※3、③持田※3、④口小屋※4、⑤中小屋※4、⑥奥小屋※4　の6集落

※1－堂本は集落行事で行い、箱ロギ(集会場軒下に保管)や孟宗竹を使い実施していた。孟宗竹で実施した時の方法は『名田庄村誌』(S46年発行)に詳しく紹介されている。

※2－脇原は以前は単独で脇原神社前で、今は山左近と合体して南川河川敷で行われている。

※3−小村、持田は以前はそれぞれ単独で、今は上田・岩井谷と合体して行われている。

※4−口小屋は単独で、中小屋と奥小屋は同じ場所で集落別に行われていた。

・小屋地区の松上げについて（口小屋・中小屋・奥小屋）

　　　　小屋地区の松上げは形式が他地区と異なり、複数の古老にお聞きした内容を記す。

　　　小屋では京都愛宕神社へ代参があった。行事は「松明」や「デンデコ」と呼ばれ、盂蘭盆
に戸主が参加してお講（名称は不明・お酒があった）があり、暗くなってから広場で松明とデンデコ
行事を行った。この行事に不幸があった家は参加出来ない神事であった。

・口小屋は「松明」と呼ばれ口小屋単独で行った。

・中小屋と奥小屋は「デンデコ」と呼ばれ、両集落が奥小屋の同じ広場に並んで同時に行い、
両集落はその威勢の良さを競った。松明やデンデコへの点火は柱を寝かした状態で火を点
け、人の手で起こして、倒れないよう複数人の手で支え「ヨイショ！ヨイショ！」の掛け
声で柱を回転させ、途中で倒す事はなく火が消えるまで行った。中小屋と奥小屋の両集落
から一人のリーダーを選出し、リーダーは袴をはくのではなく、前掛けの様に腰の前部に
紐で括り、火よけの手ぬぐいを被り、二つのデンデコの間（約4m）に立ち号令をかけた。降り
かかる火の粉はヤツデの葉（記憶少し曖昧）で払った。松明やデンデコ柱の倒れ防止用の支柱
や地面に穴は無かった。何時から始めたか、仕様や名称の由来は分からない。口小屋では
袴は使用せず、松明仕様が異なる以外は同様であった。昭和四十五年頃（少し曖昧）はあった。

・口小屋の「松明」と中小屋・奥小屋の「デンデコ」仕様

　　　口小屋は横棒が一本・杉柱先端には１つの束、中小屋と奥小屋は横棒が平行に２本・杉柱先端
には４つの苧殻と藁の束で、横棒や斜め棒は全て杉枝である。

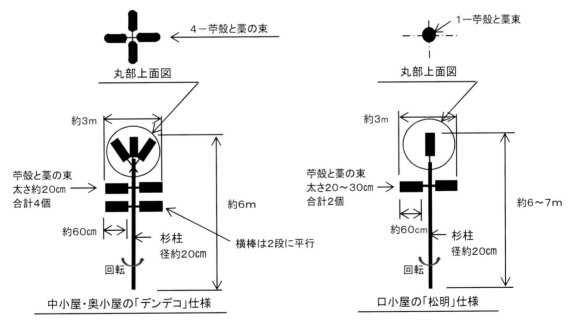

①−３）　松上げの様式

柱　（トロギ）		松　　明		モ　ジ　（ジョウゴ状）	
杉の丸太・鉄柱	高さ約15m	松のジン束	角材2〜3cm・長さ15〜20cm	竹枠や木枠 鉄枠	長さ約2m・径1〜1.5m
箱ロギ	高さ約20m		径約10cmに針金で束ねる		先端に御幣

　　・松のジンは枯れた松の根元で、油分を多く含み、よく燃え投げ上げる途中も火が消えない。

・モジは竹や木で「ジョウゴ型」に作られるが鉄枠もあり、外側を茅等で覆いその中に稲藁、麦藁、もみ殻等を入れる。景気づけに花火を入れられる集落は多数ある。

①-4) 復活した松上げ

村興しで青年が中心となり３ヶ所で松上げが復活した。名田庄久坂は平成二十八年(2016)１８年ぶりに、小浜市塩瀬は平成二十九年(2017)１１年ぶりに、小浜市大原・上和多田は平成二十四年(2012)１２年ぶりに復活された。大原・上和多田は柱を１本から始められ、現在子供用と大人用の２本を立てて行われている。

①-5) 松上げいろいろ

説明してきた松上げと異なる形式や名称がありそれらを記す。

①棚橋・小向は山上の愛宕神社境内に松のジンで出来た松明を持ち寄り、神事後に地面に積んで燃やされている。以前は通常の松上げをされていたが、山火事防止でこの方式になり、行事は「松上げ」と呼ばれている。

②口坂本は２１個の赤い提灯に火を点し、大文字型に縦横４ｍほどの木枠に吊り下げ、山上の愛宕神社境内に掲揚され、集落各家では１３本の蠟燭を神社に向かって灯す。通常の松上げと異なるが行事は「松上げ」と呼ばれている。

③中野は各家から松のジンで作った投げ松明（長さ15〜20㎝、太さ10㎝ほどの束）を集め、橋のたもとでそれを地面に積んで燃やされている。以前は２ｍほどの長さの苧殻束を根元直径１ｍほどの三角錐に立て、投げ松明を各家から持ち寄り、それに点火し元火として苧殻を燃やしていたが、苧殻を作れなくなり今の方式になった。老左近は中野の旧方式で行われていたが、現在は行われていない。行事は共に「松上げ」と呼ばれていた。

④小浜市伏原は長さ４ｍの孟宗竹１０本ほどを縦に４〜８分割した太い割竹を地面に並べ、その上に麦藁や稲藁を敷き詰め、前年の愛宕神社お札も入れ、巻き寿司状に縄で結び、大松明（直径1m弱、長さ4m）を作り、後瀬山頂上に鎮座される愛宕神社へ急な坂道を大勢の人々で担ぎ上げ、境内に大松明を立て、神社で祭祀の火を元火に、直接大松明に点火し燃やされている。行事は「愛宕神社の火祭り」と呼ばれご利益は「火伏せ」である。写真の修験者は愛宕神社創建４００年でこの年のみ参加された。この行事には隣接の小浜大宮区や小浜神田区も小型の松明を作り、頂上に鎮座される愛宕神社で祭祀後に、境内で同じ様に燃やされている。手持ち松明を放り上げる方式と名称も異なるが愛宕信仰の火祭りで件数に含めた。

伏原の山上に鎮座される愛宕神社火祭りで大松明の担ぎ上げ　　　点火直前の大松明の様子

松上げ実施地 及び 過去実施集落

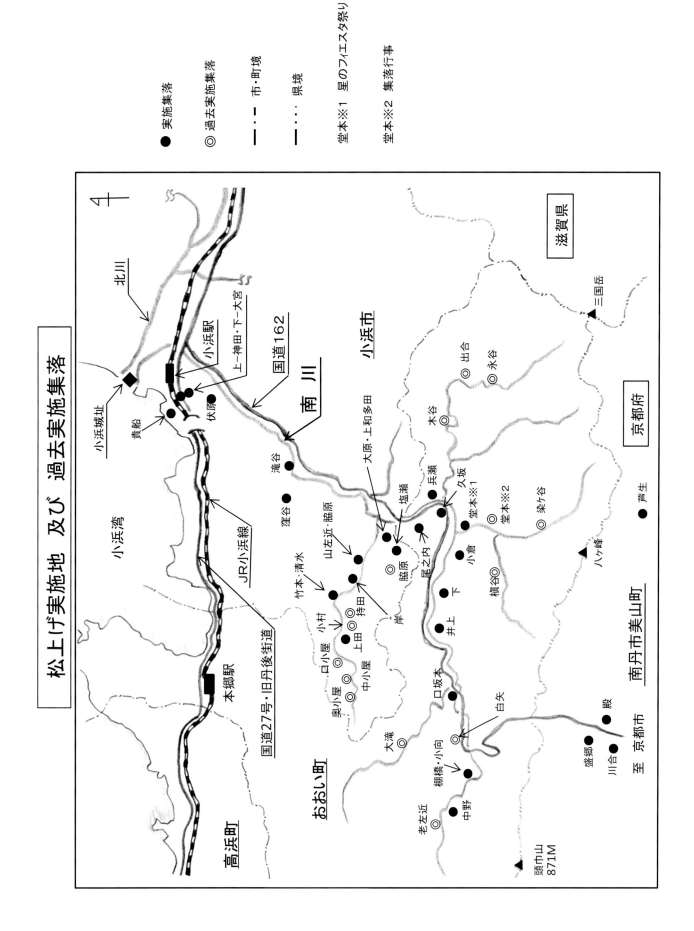

凡例

記号	説明
●	実施集落
◎	過去実施集落
―‥―	市・町境
―‥‥	県境
堂本※1	星のフィエスタ祭り
堂本※2	集落行事

②和久里壬生狂言

　和久里壬生狂言は小浜市和久里臨済宗西方寺境内の宝篋印塔七年供養祭で子年と午年に奉納される、京都壬生寺の流れをくむ無言仮面劇の大念佛狂言である。大念佛狂言は鎌倉時代正安二年(1300)都で疫病が流行し、円覚上人が念仏で祈禱し仏の教えを身振り手振りで教えたのが始まりとされる。京都市では壬生寺、嵯峨清凉寺、千本ゑんま堂、神泉苑の４ヶ寺で狂言が奉納されているが、京都以外の地で演じられているのは珍しい。都へ若狭湾の海産物を運んだ「鯖街道」を通じて当地に伝わったとされ、演目は「餓鬼角力、愛宕詣り、寺大黒、炮烙割、とろろ滑り、花盗人、狐釣り、座頭の川渡り、腰祈り」の９曲が伝承されている。「狐釣り」と「座頭の川渡り」は京都では既に廃曲となっており、「腰祈り」は当地独自の演目である。横笛・鰐口・太鼓の演奏で男性により無言で滑稽に演じられるが、教えが含まれている。平成四年(1992)京都壬生寺の千年祭があり、壬生寺狂言舞台で和久里壬生狂言が５月２４日に里帰り共演された。演目は「狐釣り」と「腰祈り」であった。また、和久里西方寺七年供養祭には壬生寺貫首が毎回参列され狂言を観覧されている。

　宝篋印塔七年供養祭の宝篋印塔とは梵字の教文を書いて納めた石積の塔を言う。「宝篋印塔は延文三年(1358)の建立だが、明治六年(1873)に和久里区へ移転するまでは、小浜城下の八幡宮前の永三小路(現住吉区)に建っていた。縁起等によると、もともとこの塔は市場の繁栄を願って市場町(現今宮区)に建っていたので「市の塔」と呼ばれたが、寛永年中に八幡宮近くで市が立つことになり、それにともない塔も永三小路に移転したという。元文寛保の頃、空印寺の十四世面山禅師がこの塔の教化につとめ、火災除けや病気平癒にご利益があるとして信仰を集めた」(「和久里の壬生狂言」垣東敏博『福井県の民俗芸能』より)。小浜では江戸期の文化十三年(1818)に市の塔七年供養祭で上演された記録があり、以後七年供養祭での上演が恒例となったが、宝篋印塔の移転以降は和久里区で上演されている。

檜の運び出し

餓鬼相撲

狐釣り

狂言舞台作り

境内風景

腰祈り

座頭の川渡り

　狂言舞台は集落総出で、公演２月前から丸太を山から運び出し、外皮を剥いて磨いて柱とし、竹を組み屋根の骨組みを作り、稲藁を編んだ藁茸き屋根を作り、檜葉を飾り付けて自らの手で境内に作られた。平成二十六年は「日本の祭り」(ダイドードリンコ)に選ばれテレビ放送された。

③神楽

　神楽は神座(かみくら)が訛ったとされ、神座で神々のご降臨を願い招魂・鎮魂に巫女が舞ったものが神楽と呼ばれるようになった。その始まりは古事記や日本書記に素戔鳴命(すさのうのみこと)の乱暴な振舞いに、天照大御神(あまてらすおおみかみ)が天岩戸にお隠れになり、太陽の光が無い暗闇の世界になり八百万の神々が困り、天岩戸の前で天細女命(あめのうずめのみこと)が踊り賑やかにした。その騒ぎに「何事か」と天岩戸を開けて出て来られたので太陽が戻った。その時に踊った舞いが起源とされる。天細女命の子孫である巫女の「猿女君(さるめのきみ)」が神がかりの儀式を行う際に舞いそれから巫女による神楽が始まったとされる。『日本民俗大辞典』(吉川弘文館)によれば、神楽は宮中の御神楽と民間の神楽に大別され、民間の神楽は巫女神楽・採物神楽・湯立神楽・獅子神楽の４つに分類できる。①巫女神楽は様々な祈禱のために巫女が舞う神楽。②採物神楽は神を勧請するための素面の採物舞や仮面を付けた神々や悪霊、鬼などが登場する仮面舞で構成される神楽。③湯立神楽は祭場中央に据えた湯釜に湯をたぎらせ、その湯を振り掛ける事により穢れを祓い清める舞い。④獅子神楽は獅子頭の呪力によって悪魔祓い、火伏せ、息災延命を祈禱する神楽である。

巫女舞・放生祭小浜白鬚　　　　　巫女による湯立神楽・滋賀県高島市朽木大宮神社

　流域では８集落で神楽が伝承されており、その内７集落では神楽屋台に「天照大御神」と氏神様の幣帛を掲げ、悪魔祓いの獅子頭、大太鼓を載せ、背面側に小太鼓を括り、両太鼓をリズムに合わせて打つ。大太鼓を踊りながら打つ集落が３ヶ所、３人で打つ集落が２ヶ所、前屋台がある所が１ヶ所あるが７集落は獅子舞は行われていない。これは小浜藩お抱えの獅子舞に遠慮したという説もある。獅子神楽は名田庄下の１ヶ所で行われ、巫女による神楽は行われていない。

流域の神楽		伝承されている集落				行われていた集落	
名田庄地区	納田終	口坂本	井上	下		大滝	蛇頭
小浜市	深野	上田	下田	小浜津島		小屋	

深野の神楽　　　　　　　　　深野の神楽　　　　　　　　　上田の神楽

　流域の納田終は３００年前に京都からと言われ、深野は約２００年前(天保の頃)に小浜鹿島から他には伊勢や丹波からと伝わり、曲目はオカザキ・シャギリ・カナシャギリ・ホテシャギリ・カグラ・三番叟・山起し等を集落平均で７曲、多い所は１３曲を伝承されている。神楽にお多福・ヒョットコ・天狗・大首・赤鬼・青鬼等が出る集落が８集落中５ヶ所ある。

④獅子舞

　獅子舞はライオンを象徴化した獅子頭を被り舞う芸能で、『日本書紀』によれば推古天皇二十年(612)百済から味摩之(ミマジ)が伎楽を伝え、桜井(現在の明日香村)の少年に教えた。獅子舞は東大寺の大仏開眼供養の伎楽の折に、音楽に合わせて練り歩いた。獅子の持つ特別な力への期待や信仰から、仏教文化とともに日本に移入された楽舞である。「伎楽や舞楽など古代の芸能では、はじめに登場して、場を鎮める意味で演じられた。また行列につく獅子は悪魔を祓い、道を鎮めるといった呪術的な機能を担うようになっていった」(『日本民俗大辞典』)。正倉院には獅子頭が９面保存されており『正倉院寶物７・南倉Ⅰ』(毎日新聞社・H7年発行)に容姿が写真で紹介され、鼻の穴がハート形や目が飛び出ている面もある。伎楽面木彫第１２８号獅子の材料は桐製で白い塗料の上に赤色が残る赤獅子で、大きな鼻に大きな黒く鋭い目、舌も彫られ、口は開閉し、首の下部に獅子を操る輪っか(?)が付き、その姿は威風と威厳を感じ睨まれたら思わず足が竦む。『正倉院の伎楽面』(平凡社・S47年発行)には幅、高さ、奥行が３３～３８cmの正確な３面図が掲載されている。

　　　　伎楽(ぎがく)―「古代日本の寺院屋外で供養として上演された無言仮面舞踊劇で、伴奏は笛、

　　　　　　　　　腰鼓、胴拍子の三種で平安時代以降は漸次衰微していった」(広辞苑より)

　　　　楽舞(がくぶ)―「音楽に合わせて舞うまい」

　　　　舞楽(ぶがく)―「外来楽舞の演出法で器楽合奏を伴奏として舞を奏でるもの」(広辞苑より)

　『獅子頭』(福井県立若狭歴史民俗資料館・H20年発行)には若狭地方の獅子頭４８面や国内外の獅子頭と舞いの様子も紹介されていて興味深い。同書によれば、若狭地方の獅子頭で歴史があるのは鎌倉時代の１面と室町時代の５面で、流域では千種廣嶺神社の獅子頭が鎌倉時代、名田庄下や中名田深野が江戸時代のものである。また、高浜町郷土資料館には町内の獅子頭２０面が展示されており、歴史を感じるものがある。西日本では珍しい一人立ち三頭獅子舞が小浜市では５集落で伝承され、その内南川流域では２集落で、二人立ち獅子舞は１集落で行われている。

④-1）一人立ち三頭獅子舞

　小浜市の一人立ち三頭獅子舞は、江戸幕府大老酒井忠勝が武州川越より若狭小浜へ国替えになった時、獅子の舞手(30余名・関東組)も同行させた事に始まる。江戸時代は藩の節目のみで獅子を舞

一番町の雲浜獅子頭

一番町の雲浜獅子

放生祭の多賀獅子

放生祭の日吉獅子

放生祭の男山獅子

放生祭の玉前獅子

い、外部での演技披露は禁じられていた。明治維新を迎えると関東組から一番町と小浜玉前区、小浜男山区、小浜多賀区が手ほどきを受け、それを小浜日吉区が習ったとされる。一番町と小浜男山区には頭から垂れ下がる幕に酒井家裏家紋の井桁が記されている。一番町はお城祭りで、他は放生祭で披露されている。獅子舞は一曲舞いであるが１６の詩からなり「恋をし・争い・仲直りする」物語であるが、一通り踊ると５０分ほどかかる。一番町は「雲浜獅子」と呼ばれ県無形民俗文化財で、他の４区は単に「獅子」と呼ばれるが、放生祭の獅子(4組)、山車(9組)、神楽(5組)、棒振り大太鼓(5組)、神輿(1組)と合わせて２４組の出し物が県無形民俗文化財に指定されている。

　西日本で一人立ち獅子舞は珍しいが他に２ヶ所あり、それは静岡県掛川市と愛媛県宇和島市で全てに江戸時代の藩主が絡んでいる。小浜市は酒井忠勝が若州小浜へ転封にあり、掛川市は「酒井忠勝の次女・鶴子が井伊直好(藩主期間万治二年1659～寛文十二年1672)の妻である」(「掛川の獅子舞」松浦徹『第十回全国獅子舞シンポジュウム発表資料集』・平成26)、宇和島市は鹿踊りと呼ばれ「伊達秀宗(正宗の長男)が元和元年(1615)仙台藩から伊予宇和島へ転封になり、一緒に入国した者達が故郷仙台の鹿踊りを慶安二年(1649)一宮神社(宇和津彦神社)祭礼行列に参加したのが始まり」(『一人立ち三頭獅子舞の成立を探る』(高橋祐一・H26年より抜粋)とされ、当時の様子は平成三十年福井県立若狭歴史博物館発行『うきたつ人々』に掲載の嘉永二年(1849)宇和津彦神社祭礼絵巻で見る事が出来、５頭の一人立ち鹿が二組と１頭の一人立ち獅子、大きな獅子頭を４人で担ぐ組、１０人余の百人獅子が祭列に描かれている。現在も鹿踊りは５〜８匹が一編成で同市や周辺地域で多く伝承されている。

④-２）江戸安永時代から続く二人立ち獅子舞

　名田庄下では安永四年(1775)伊勢度会郡(わたらいぐん)の御師幸吉丞より伝授された獅子舞が２５０年も伝承され、５年毎に苅田比賣神社で奉納されている。

　獅子舞は前述したように推古天皇二十年(612)百済から伝わり東大寺大仏殿開眼落慶法要で披露され、二人立ち獅子が邪を祓い場を鎮めた。その後、衰微し伊勢太神楽が興り桑名市増田神社には室町後期の獅子頭がお祀りされており、記録には『三國地志』宝暦十三年(1763)にあり(『伊勢大神楽』野津龍・日本写真出版・H22)舞いを披露の家々に「伊勢神宮の神札」を配って各地を回壇し現在まで続いているが、明治政府の方針でお札は「伊勢大神楽講社」に変わった。毎年１２月２４日には桑名市増田神社に７講社が集まり総舞が行われ、翌正月から各地の旦那場で獅子舞が行われ、石川源太夫組は伊勢神宮のお膝元おかげ横丁で正月に回壇している。伊勢太神楽は昭和五十六年に国重要無形民俗文化財に指定された。

伊勢太神楽お札

　名田庄下の獅子舞演目は「神楽の舞・剣の舞・王の舞・四方舞・花の舞・散の舞」の６演目で「神楽の舞」は獅子が日の丸の扇子と鈴を持ち、胴衣をお多福が肩に持ち一番初めに舞う。「剣の

舞」は門外不出の舞いであり、一生に一度の卒業の舞いで、前大祭でこの舞いを披露した者が師匠となり、人目に触れぬよう土蔵の中で秘密裏に伝授し伝授される。舞いと笛は数日前から寝食を別にして精進する神聖、厳粛、戒律の厳しい獅子舞で、舞いは一人の笛の音に合わせて、真剣を用いて静かに舞い邪気を祓う。以降は指導者として後輩の指導にあたる。この舞いは撮影禁止であった。「王の舞」は百獣王の獅子と天狗との力争いを舞い、「四方舞」は雌獅子隠しとも言われる舞い、「花の舞」は獅子が花の咲き匂う庭で色香に酔いながら蜜を求めて舞い、「散の舞」はお多福・ヒョットコ・天狗が舞うたわむれの演目である。(地区作成資料より)

　若狭町瓜生区で結成されていた伊勢太神楽は桑名市で習い、若狭町熊川で毎年行われる「宿場町祭り」で、披露されていたが最近見なくなり寂しい。

若狭町瓜生区で結成された伊勢太神楽が、若狭町熊川の「宿場町祭り」で披露 H18年(2006)撮影

⑤陰陽師安倍晴明ゆかりの天社土御門神道の祭り

　名田庄納田終には天社土御門神道本庁が鎮座される。土御門家は映画やテレビドラマでよく知られた、平安時代の陰陽師安倍晴明の安倍家の家名である。安倍家を「土御門家」と呼ぶのは『美母路の里』(おおい町案内板)によると「造暦をはじめ占術や天文道の遂行に尽くしたので、この称号を天皇から授けられた」とある。京の都で活躍していた安倍家は応仁の乱の戦火を逃れて、第31代から33代が安倍家の荘園であったこの地に関ヶ原の戦い後までの110年余を過され、集落には墓所(県史跡)が祀られている。天社土御門神道本庁では2月立春日に「星祭本命属星祭」が、8月1日には天壇で「名越祓・八朔祭り」が厳かに行われている。

　「星祭本命属星祭」は、生まれた年の本命星が年により吉や凶になるので、それを鎮め災難除去、福徳増進を祈る祭りで、本殿に陰陽道の神・泰山府君が祀られ五色の紙垂や五芒星の幕が飾られた厳かな雰囲気の本庁で行われた。この祭りは昭和中頃までは関係者のみで行われていたが、今は県内外から一般人も参列される。神事は五色の紙を撒く「撒紙撒供」や、弓を鳴らして厄払いをする「鳴弦ノ儀」等をされ、玉串の奉奠、お神酒のお下がり、直会がある。

土御門神道本庁での星祭り　　　土御門神道本庁での星祭り　　　茅の輪

　「名越祓・八朔祭り」は、旧暦6月晦日は新暦の7月から8月の初旬頃に相当し、一年で最も食べ物が腐りやすく、これに伴う流行病も蔓延しやすい時期であるので、様々な予防手段が採られてきた。身体にきわめて危険なこの時期を乗り越えるための、この祭りは予防手段の集大成で

あった(『日本民俗大辞典』吉川弘文館)。本庁のすぐ北側の石組天壇で四方を黒(玄武神)、白(白虎神)、赤(朱雀神)、青(青龍神)の鳥居の内で神事は行われ「引き鈴・布裂き・弓射ち・解き縄・茅の輪くぐり」等の儀式をされた。「解き縄」は左手に左撚り、右手に右撚りの20cmほどの縄を持ち、手を使わず口で縄の撚りを解く儀式で、平安時代1053年頃の定頼集に「ときなわの　とくもいそがし　御禊には　ゆふかけたるぞ　神は請らん」とあり、古くから行われていた祓い行事である。

天壇での名越祓・八朔祭り

「茅の輪」は奈良時代の備後国風土記に記された、蘇民将来と巨旦将来の兄弟が、身分を隠した「スサノウの尊」とのやり取りが元になっており、一夜の宿を所望した旅人に裕福な暮らしの弟の巨旦将来は断り、貧しい兄の蘇民将来は受諾し親切に接した。後日旅人が訪れ「我はスサノウの尊なり、疫病が流行した時は蘇民将来の子孫と言って茅の輪を腰に付けなさい。疫病をのがれるだろう」と言って去り、その後、疫病流行時に兄の蘇民将来は生き延びられたというものである。全国各地の神社で行われる「茅の輪くぐり」はこの事に由来している。式後に小型の茅の輪が授与され直会も行われた。

「河臨祭」はお盆に実施される「星のフィエスタ」の中で執り行われた。(61P参照)

⑥当屋の役割を決め、七難即滅祈願柴走り

名田庄納田終加茂神社の春秋の大祭は、今も当屋制がしっかり残されており、春祭りの「柴走り」は今秋と来春の当屋(各2軒)が、祭りでお供えする餅を作る役と注連縄を作る役を決める行事である。当屋身内の走り子が柴(榊の束)を持って神社から100m先の大杉に張り渡された注連縄まで徒競走し、柴をその向こうに早く投げた勝ちが餅役、負けは注連縄役になる。当屋は正月に行われた「文(とう)出し」で既に決まっており、勝当屋は「身御供(みごく)祀り」の牛の舌餅(長さ20cm・幅10cm・厚さ1cm)約97個と8つの一升餅で4組の鏡餅を作り、負け当屋は境内社を含む全ての社に注連縄(延べ約40m)を作り張る。両当屋では本日一週間ほど前に、床の間にオハケを立て、その前一～二畳ほどに天井から注連縄を張り、オハケタテ神事や大食大膳(オロオロ)祀りが行われる。注連縄内は女性禁制である。古老から「餅当屋は祭り当日早朝に餅を入れた櫃を背負い神社まで運ぶが、休憩や手助け禁止で遠い集落は4kmの道のりを雪中歩いて運んで来た」とお聞きしたが、この祭りへの想いや意気込みである。最近は舞堂まで車で運び、本殿迄の長い急な階段は助けな

急な階段　　　　　　　大杉の勧請綱　　　　　　　芝走り

しで背負って運ばれている。両当屋の当主は以前は一週間前から社務所に寝泊まりし、早朝の禊を社務所横の手水所で行われていた。今は各家でされる。

「大杉の注連縄は勧請綱」と宮司さんからお聞きした。一般的に勧請綱は集落の人々が稲藁を持ち寄り太い綱を編み、その綱に神仏を勧請し、勧請札やそれに代わる印を吊るし、村や集落入り口の道路を横切り高い所に張り渡し、綱より内側に疫病や災難が入って来ないように願う「ミチキリ行事」で、祭祀は僧侶や神官により行われる。若狭地方では１４ヶ所（敦賀市含む）でこの行事が行われており、この流域では納田終だけで、前述の柴走りで祈禱された柴（榊の束）に疫病や災いを移し、それを張り渡した勧請綱の向こうに投げて氏子集落の災いや疫病を祓う。近畿地方１５５集落の勧請綱を拝見し『祈りの勧請綱上・下』にまとめたが、この方法は当地だけの特徴で

左下−九字　右−五芒星

勧請札拡大

奈良県明日香村稲渕 滋賀県東近江市大塚　上・京都市丈六町　三重県伊賀市菖蒲池　勧請札の表と裏
　　　　　　　　　　　　　　　　　　下・滋賀県野洲市吉川

ある。また、勧請綱は疫病や災いの侵入防止だけでなく、五穀豊穣や子孫繁栄、暮らしの夢「災いを祓い　幸福を掴み　浮世を　渡りたい」を表す藁細工を吊るし願う綱や、勧請札に陰陽道の五芒星や九字が書かれた綱、宝の流失防止を願い集落の川下に張り渡された綱もある。

⑦流域の大太鼓

　この流域では大太鼓の演目に棒振り演技が付く。棒振りの棒は長さ１８０㎝、太さ３㎝ほどで棒の両先端に紙垂を付け、その下に火薬のシートを捲く。装束は消防服に似た着物と頭にはシャグマをかぶり、足には足袋と藁草履を履く。演技は棒を回転させたり、棒を叩きあい（火薬の音がする）、時には足払いの棒を飛び越え、時には突きの棒を飛び越えるもので太鼓と鉦、笛の演奏が付く。この役は小学生から青年が担当し、太鼓演奏は園児から大人までが年齢に応じた曲を打つ。棒振りは二人棒、半棒、三人棒、唐笠棒があるが、流域では二人棒と半棒が披露されている。

流域の棒振り 大太鼓	おおい町名田庄	中、小倉、久坂、三重
	小浜市	深谷、和多田、東相生、城内、山手、雲浜

小浜市和多田　　　　　　　　小浜市和多田　　　　　　　　小浜市和多田

　流域の和多田大太鼓の歴史は「禅応寺保管の傘鉾外箱に嘉永七年（1854）煙草屋庄左右エ門 上和多田若者中と記された物が上和多田にあり、下和多田には持ち運びの軽いものがあった。また、上和多田は小浜藩士から、下和多田は丹波から伝えられたとされ、明治二十年代は祭礼に２組が奉

納された」(『中名田郷土誌』より)。その傘鉾は祭りでは見られず、流域でも見られないが、小浜放生祭の小浜住吉区で見られ太鼓屋台の前を進む。笠鉾の上の金鶏は収納箱に文久二年(1862)とあり、寺田屋騒動や生麦事件のあった年の創作である。

小浜住吉の傘鉾　　　　　　若狭町安賀里の笠鉾　　　　　若狭町井ノ口の唐笠棒

小浜市西津日吉神社春祭り・半棒　　　小浜市遠敷祭り・三人棒　　　小浜市西津七年祭り・太刀

若狭地方では大太鼓に棒振りや太刀振りの演技が一緒に行われる所が多くあり、下記の集落で行われている。

市　　町	集　落　名
小　浜　市	川西、新小松原、板屋町、日吉神社氏子集落、遠敷、田烏、平野、泊堅海、阿納、小浜住吉、小浜広峰、小浜大宮、小浜大原、小浜鈴鹿
若狭町旧上中地区	安賀里、井ノ口、大鳥羽、瓜生・関、日笠、海士坂、無悪
高　浜　町	和田、※東山、※中の山、※西山、※東三松、※西三松

※ 印の集落は太刀振りで演技の時は太鼓の演奏を止める。また、※印以外では
太鼓伴奏があり、半棒、三人棒の時は笛が一緒に吹かれリズムが変わる。

高浜町西山の太刀振り　　　　高浜町中ノ山の太刀振り　　　高浜町東山の太刀振り

⑧祭りの道化役

この流域で見かける祭りの道化役は５種類ありヤセ・大首・お多福・ヒョットコ・天狗で、ヤセは赤鬼と青鬼の夜叉が訛ってヤセになったといわれている。ヤセは時には道化役になるが、祭列の先頭を歩き手に持つジャランコを左右に振りりながら道を清める大切な役がある。邪を祓い場を鎮める行道獅子の役目を持ち、流域では９集落（下・小倉・久坂・三重・深野・上田・下田・和多田・深谷）で見られる。ジャランコは孟宗竹を長さ２ｍほどに切り、先端５０㎝ほどを細かく裂き、反対側に握部を作り赤鬼・青鬼が各一つずつ持つ。道の両端を歩きながらジャランコを左右に振ると「ジ

ャラン」と音がし、繰り返し行いながら清め
て歩く。その役目から新築の家や不幸が続く
時、病人が家で伏せている時等に座敷から土
足で家に入り、各部屋の畳の上をジャランコ
を左右に振りながら、玄関へ抜けて禍事を追
い祓い清める「通り抜け」を依頼される家が

ヤセ(赤鬼・青鬼)とジャランコ

通り抜け

ある。「役の重大さから祭り本日までの1週間は寝食を別にし、精進し沐浴をした」と古老から
お聞きした。手にしているＴ字形の棒で頭を軽く叩いて貰うと体の邪が抜け元気に育つといわれ
ている。

　大首(オコベ)は大きな張子の頭を被った役で、深谷や小倉で見る事が出来る。江戸後期に小浜城下
町の祇園祭りの様子が書かれた「小浜祇園祭礼図」絵巻(『うきたつ人々』福井県立若狭歴史博物館)には「天
下太平」と書かれた小型の幟旗を持つ大首と鵜飼舟を引く大首が描かれている。現在の祇園祭り
や放生祭りでは見られないが、南川流域の上記2ヶ所と針畑越え「鯖街道」沿いの遠敷祭りや小

小倉大首

深谷大首

遠敷祭りの大首

下田の天狗・お多福・ヒョットコ寸劇

浜市平野の祭りで見る事が出来る。お多福は男の役で手に木製の化粧道具を持ち、額を化粧棒で
つついて貰うと美人になると言われ女児に人気がある。ヒョットコは前後に面を付け、ズボンの
色が左右で異なる派手な装束で、長靴と草鞋のように異なった履物を片方づつを履き、先端に男
根を彫った葉付き椿の枝(毎年作成)を肩にし、腰にも男根を付け、手にササラを持ち、神社舞台で
はお多福を奪い合う天狗との滑稽な寸劇がある。

　山向こう京都府南丹市美山町田歌祇園祭の祭列には二匹の鬼と天狗、奴が見られ、大首は見当
たらないが、配役が異なるよく似た寸劇が舞台である。名田庄下では奴行列があり、小浜市遠敷
祭りでもヒョットコと大首・お多福の寸劇がある。これらは関連があるのかも知れない。

京都府南丹市美山町田歌祇園祭で先頭の2匹の鬼・天狗・寸劇

小浜市遠敷祭りの寸劇

⑨株講

　株講とは地域で同じ苗字の人達が集まり祖神を崇め、親睦と団結を図るために行われてきた組

織で「地の神講」とも呼ばれ、南川中流域の名田庄地区三重と小浜市中名田地区、口名田地区に合計２２株が今も伝わる。おおい町大島半島のニソの杜も類似の信仰とされる。

三重は早川株、山本株、吉田株、林株、島田株、宮前株、岡田株、田中株、中塚株、新屋株、堤株の１１株があり、御縁日は１１月２３日で、最近は１２月初めの休日に行われる講も多い。「地の神」祠へのお供えは早川株ではお神酒・赤飯・米を磨り潰したおしろ餅・おひらをされていたが講によって異なる。祠のそばにはタモやエノミ等の拝み木がある。祠に参拝後、当番宿で直会があり、田中株では代表や宿元挨拶・乾杯で懇親が始まった。床の間の掛け軸前に５段積みの盃があり宴で廻され、節目で謡が唄われる。パック料理の他に大皿に焼き鯖があった。各講の直会料理は以前は準備が大変だったらしい。講は不幸の家は不参加で、講員が少ない講は中止される時もある。山本株では祠と兵瀬集会場内の三体の仏像にお参りして、当番宿へ移動し床の間の「地の神」掛軸にお参りし直会が始まった。「田中株の祠棟札には享保十三年(1728)、早川株には享保十四年(1729)」(『名田庄村誌』)とあり、３００年ほど昔から代々受け継がれて来た行事である。

三重の株講

お供えの
おしろ餅・おひら・赤飯

株講直会

直会の焼き鯖

中名田地区には「池田株、杉山株、大道株、大江株、木崎株、芝株、大岸・坂下株、西本・東・橋本株、大下株、村上株の１０株があり、株講の名前は長い歴史の中で対等合併し、複数の苗字を名乗る株講や異なる苗字を含む講もある。歴史は古く深野の大下株は祠の棟札から文化四年(1807)以前から講が行われていたと推察されている」(『中名田郷土誌』より)。御縁日は１１月２３日で、祠前で藁を燃やして『おーい』と叫びご降神を願い、参詣が終わると夕方に当番宿に集まる。宿の「地祖神」掛け軸前にお神酒・牡丹餅・鯛等が供えられ直会が持たれる。最近は簡素化で直会の省略や、地祖神参拝時にお下がりされる講もある。口名田地区では上窪株が継承されている。

中名田地区の株講

腹合わせ鯛と牡丹餅

⑩六斎念仏

六斎念仏は平安時代良忍が創唱した曲調豊かな念仏合唱曲である融通念仏に始まっているとされる。「六斎念仏は毎月の六斎日(8日・14日・15日・23日・29日・30日の6日)は四天王が人の善悪を調べる、悪魔が狙っている、人命を損ない病気などの不幸にする不吉な日で、諸事謹慎し心身を清浄に過ごす日とされ、この日は正午以降食物をとらないので斎日」(『仏教民俗事典』より要約)と呼び、この日に唱える念仏を六斎念仏と呼ばれた。六斎念仏は総本寺とされる京都市左京区干菜山光福寺

系と空也上人が始めた空也堂系があり、干菜山系は動きが少ない念仏中心で、空也堂系は踊りを含む娯楽性豊かな念仏である。

干菜山光福寺「六斎支配村方控牒」には「小浜かけのわき町 若狭願勝寺支配下 講中四十二ヶ所」(『神と霊魂の民俗』・赤田光男・雄山閣発行)と記されているとあり、昔と今の講中を教えて頂こうと寺院を調べたが、住所名が使われておらず、電話帳にも寺院が非掲載で、同じ浄土宗寺院にお尋ねしたが「そのような寺院は見当たらない」とのお返事で、古地図で所在を調べた。『小浜市史通史編上巻』(小浜市役所発行)に寛永十七年(1640)の城下町絵図があり、それには町名と寺社名が記され「かけのわき町」はあるが「願勝寺」は記載３８寺にも見当たらない。江戸初期には統合か廃寺と推察されるが、その普及活動は多大で昭和四十一年発行の『若狭の民俗』(上田春美著・和歌森太郎編・吉川弘文館)に「高浜町４・おおい町６・小浜市１６・若狭町１３・美浜町１の４０集落で六斎念仏が行われており、過去実施されていた集落は３４あり、合計７４の集落で行われていた。隣の越前では六斎念仏が見当たらない」とあり、若狭地方で盛んに行われていた。平成二十四年(2012)発行の『若狭の歴史と民俗』(永江秀雄・雄山閣)によると、現在も実施している集落は高浜町３・おおい町２・小浜市１３・若狭町９の２７集落で行われている。

| 小浜市羽賀の六斎念仏 | 高浜町薗部の六斎念仏 | 若狭町横渡の六斎念仏 |

南川流域では４ヶ所で行われていたが、現在は小浜市和多田と窪谷で行われ、名田庄虫鹿野や小浜市上田字持田では行われなくなった。持田では昭和二十八年、虫鹿野は昭和四十年代までは踊る六斎念仏が行われていた。和多田と窪谷の六斎念仏は笛や鉦太鼓・踊りがあり、和多田には安永九年(1780)銘記の鉦が保存されており、地蔵盆に地蔵堂で演じられる。窪谷は月毎に講中の家で演じられ、９月上旬には薬師堂で小学生の一六斎、青年の二六斎、天狗・お多福・ヒョットコの面を被った三六斎が演じられる。窪谷は県、和多田は市無形民俗文化財で、流域外の小浜市奈胡は県、若狭町三宅と瓜生の踊る六斎念仏は国選択無形民俗文化財である。

中止されている名田庄虫鹿野の六斎念仏は小浜市神宮寺集落より習ったとされ、どちらもお面を被り踊りもあった六斎念仏で、神宮寺集落は４年毎の地蔵盆に正明寺境内で小組・中組・大組(オコベ・お多福・クチボソ)で行われていたが、平成２年を最後に行われなくなった。

昭和59年(1984)〜平成2年(1990)の小浜市神宮寺集落の六斎念仏 (左・小組 中・大組 右・笛演奏) 写真 神戸義勝氏提供

京都仏教大学宗教文化ミュージアムで２０１８年に開かれた「六斎念仏の世界」講座で配布さ

れた柿本雅美氏の資料によると、京都市では芸能六斎が１０、念仏六斎が４団体記載されており、芸能六斎が約７０％を占める。若狭の海産物を運んだ鯖街道の終点である出町柳の干菜山光福寺で拝見した六斎念仏には発願・四ツ太鼓・越後晒し・猿廻し・祇園ばやし・獅子太鼓・獅子と土蜘蛛等１１演目あり、念仏六斎の総本寺で芸能六斎が奉納されている。芸能六斎への変遷経緯を同寺で奉納されている小山郷六斎念仏保存会チラシから抜粋すると「京都の六斎念仏を行ったのは近郊農村の人々で、江戸時代に入ると盆時期に洛中にも出かけ、商家や大店を旦那場として棚経を唱えお布施を貰うようになり、いつしか歌舞音曲を取り入れ芸能化していった」とある。

光福寺の六斎念仏・越後晒し

光福寺の六斎念仏・猿回し

光福寺の六斎念仏・獅子と土蜘蛛

　平成二十九年８月小浜市旭座で六斎念仏フェスティバル「鯖街道がつなぐ京の六斎・若狭の六斎」講演会が行われ、その中で京都市壬生六斎念仏、小浜市奈胡、窪谷、和多田、若狭町三宅、若狭町瓜生の６集落の六斎念仏が披露された。写真はその時の一コマである。

京都壬生六斎念仏

京都壬生六斎念仏・棒振り

京都壬生六斎念仏・二頭獅子舞

若狭町瓜生六斎念仏

若狭町三宅六斎年仏

小浜市奈胡六斎念仏

⑪キツネガリ

　キツネガリは戸祝い、福入れ、カイロ講等とも呼ばれ狐を捕らえるのではなく、作物を荒らしたり、人間を騙す狐を集落の外へ追い出し、良い年を送れるように「五穀豊穣」や「家道繁栄」を祈って小正月に行われる来訪神行事で、全国各地に名称は異なるが行事は分布している。秋田県の「ナマハゲ」や能登の「アマミハゲ」、岩手県の「アマハゲ」のように鬼の面を被って行われるものや、若狭地方のように素面で祝い棒を持って行われるものがある。島根県飯石郡飯南町の「トロヘイ」も同じとされる。「トロヘイは１月第二土曜の夜に子供達が各家を回り、作った藁馬を縁側に置き、引き換えにお菓子や餅、祝儀をもらうが、突如暗がりからバケツを持った家の人が現れ子供達に水を浴びせる。水をかけると無病息災に過ごせると言われている。藁馬は翌

年のドンドまで神棚に祀られる」(「島根県における小正月の来訪者行事について」石山祥子『ふくい無形民俗文化財第41号』より)。

　『若狭町の戸祝いキツネガリ調査報告書』(若狭町伝統文化保存協会発行)によると、福井県では広く分布して行われており４４ヶ所が図に示されている。敦賀市以西の嶺南地方でより多く行われており３３ヶ所が図示されているが、若狭町が１６ヶ所と最も多い。小浜市では下田、西小川、阿納、下根来、新保の５集落で実施されており、南川流域では４集落８ヶ所で行われている。キツネガリは１月１４日近辺の夕方から行われる所が多く、最初に氏神様で子供達がユルダの祝い棒(皮を剥いだ枝)で調子をとりながらキツネガリの唄を歌い、その後、集落の喪中や忌中の家を除いて各家を訪問し、犬走りや用意された板(昔は玄関戸)を祝い棒で叩きながらキツネガリの唄を歌い、祝儀やお菓子を貰う。祝い棒の大きさは直径２〜６㎝、長さ３０㎝〜１ｍほどで、描かれている絵柄(神様や小判・鶴亀等の縁起物)や祝い棒の持ち方、叩き方等は各集落で特徴がある。中名田地区下田字岸の祝い棒には絵柄が描かれていないし、名田庄地区小倉では祝い棒なしで行われている。祝い棒はキツネガリの翌日のどんどで燃やされる所がある。昔は男子のみで行われていたが、今は女児も参加して行われ、全戸を歌い終わると貰った祝儀やお菓子を集会所等に集まり子供達で分ける。流域で行われている４集落８か所は下表の通りである。

　　実施４集落8ヶ所の内訳(三重集落では5つの字で実施)

地　域	集　落　名(字)
名田庄地区	久坂、小倉、三重(字尾之内、字山田、字兵瀬、字下三重、字秋和)
中名田地区	下田(字岸)

　　以前実施していた所

名田庄地区	中名田地区	口名田地区	計
井上、久田の川内	下田(字山左近)	口窪谷、須縄	5

現在実施と過去実施していた所を合計すると１３ヶ所になる。行われなくなった理由の一つに「対象の子供がいなくなった」とお聞きした集落がある。

〇キツネガリの様子や祝い棒ー名田庄地区久坂の例

久坂の祝い棒　　　　　　久坂は山の神で福もらい　　　　代表7人(七福神)で各家へ福入れ

　・福入れ唄

　　　「♪福入れましょう　今年始めて　良い年　恵方(あきほう)より　恵比寿　大黒　福の神　千貫(せんがん)袋を背なにかけ… 祝い棒を突き始める。最後まで …まーずめでたい　戸祝う背戸には銭倉　門(かど)には金庫(かねぐら)　中には不動の黄金(こがね)蔵　オイ　シッテイテーネヤ　テーネグラ　オイ　モヒトツ　カエシテ　シッテ　テイテ　」

　久坂では①集落のキツネガリ、②山の神様で福貰い、③各家へ福入れを分けて実施されている。

流域ではないが特徴ある小浜市内の２ヶ所と美浜町新庄のキツネガリを紹介する。

（１）小浜市西小川の例―玄関先で戸祝い唄の後に、玄関戸を開け「投げ縄」をする。

　　　神社で歌う唄と戸祝いの唄は少し異なるが、戸祝いの唄

　　　「♪とーやましょう　すっころこんの　こーんこーん　今年の年は　目出度い年で　せどには

　　　　せどくら　かどにはかどくら　なかにはこがねの　どーどくら」　と歌った後で、

　　　神社の鈴と橙、多数の紙垂を結んだ投げ縄を玄関から中へ投げ入れ、引き戻す時に歌う。

　　　投げ縄は３回行われ１回目と２回目は同じ歌詞である。

　　　「♪福はどっさり　どっさり　親も代々　子も代々」

　　　３回目の投げ縄の唄

　　　「♪もうーつおまけに　福はドッサリ　ドッサリ　親は代々子も代々」

　　各家は投げ縄に付いている幣を少し千切り、財布に保管するとお金に困らず過ごせるといわれている。

小浜市西小川キツネガリ　　　　　小浜市阿納タンタン棒で舟祝い　　　　美浜町新庄カイロ講

（２）小浜市阿納の例―①舟祝い、②狐がりと戸祝いをする。

　　　①午前中に父兄が操縦する舟に乗り、港に係留する全て舟の舟べりを一隻ずつユルダの枝

　　　　で出来たタンタン棒(祝い棒)で叩きながら舟祝い唄を歌う。

　　　「♪今年の年は目出度い年で　○○（舟主の屋号）舟に　大鯖　大鯵積んで　えんやーこら」

　　　②同日の夜２１時頃からキツネガリと各家の玄関で戸祝いが行われ、戸祝いの途中の辻々

　　　　でキツネガリが行われ、その唄は各辻ごとに歌詞が決まっている。戸祝いの唄の歌詞

　　　「♪今年の年は　目出度い年で　背戸には背戸蔵　門には門蔵　中には黄金のどうど蔵」

（３）美浜町新庄字田代・寄積の例―全戸対象に戸祝いをする。

　　　田代・寄積ではカイロ講と呼ばれ、歌詞に１番と２番があり、全ての家を対象に行われる。

　　　家の人が亡くなった家では２番のみが歌われ、新しくお嫁さんを貰った家では「嫁だ〜せ

　　　酒出〜せ」と繰り返し囃し、家の人が玄関に出てきたら１番から順に歌われる。

　　　１番「♪今年の年は　めでたい年で　背戸には背戸倉　門には金蔵　中には不動の宝倉

　　　　　　　ますます繁盛しますように　カ〜イロ　カイロノ」

　　　２番「♪キツネの寿司は　七桶ながら　八桶にたろうて　カ〜イロ　カイロノ　西から東

　　　　　　　おっとり回して　すっからかんのかん」

　　　祝い棒は見当たらなかった。

⑫田の神祭り

　　　「田の神」とは「田んぼの守り神」で、田の神祭りは１月から始まる農耕儀礼の一つで「作り
初め・サビラキ・サナブリ・田の神祭り・虫送り・二百十日祈願」と続く。

※作り初め…1月11日に田んぼの恵方にユズリハの枝と、栗の枝に「牛玉寶印」の半紙を挟んで刺し、備中鍬で3回耕

し、その周囲に白米を撒き、小餅を置き、豊年祈願をする儀式。 家により様式が異なる。

※サビラキ…田植えの時期に田の畔に、3つ又の栗の小枝を差し、蓙の葉に煎り大豆や白米、ワカメを包み、縛って枝

に吊るし豊作を祈願する行事(『若狭の田の神祭り』福井県立若狭歴史民俗資料館より)。 最近見かけない。

※サナブリ…各家で田植えが終わった時、赤飯や餅を搗き神棚に供え、応援の人にも焼き鯖を渡し、焼き鯖を食べた。

田植えの手植え応援は今では機械化が進み、行事は最近ではあまり聞かない。

※虫 送 り…稲の害虫を除くため、芋殻等で松明を作り太鼓を鳴らして、田んぼの周りを歩き、村はずれ迄送る行事。

※二百十日祈願…立春から数えて二百十日頃は、台風来襲多発時期でその被害にあわないよう祈る行事。

「作り初め」は産業が農業から2次、3次へと多様化し、農業収入が家計に占める割合減少や

価値観の変化もあり、実施される家が少なくなっている。(左の2枚−小浜市松永地区、右の2枚−加斗地区)

　田の神祭りは集落全ての農家が田植えを終えた後に、稲の生育と豊作を願い子供達が神輿を担いで(最近はリヤカーが多い)行われる。小浜市や旧上中町の37ヶ集落(『若狭の田の神祭り』福井県立若狭歴史民俗資料館・S60) で行われ、各集落には独特の掛け声と御幣の振り方がある。この日は五月休み、やすんぎょ、泥落し等とも呼ばれ、農作業はもちろん田んぼの畦道を歩く事もご法度で、体をゆっくり休める日とされる。小浜市三分一の神輿には「天保二年(1831)の紀年名と五穀成就・万民豊楽と書かれた棟札状の木札がある」(『若狭の田の神祭り』)とあり古くから行われていた。現在は木製神輿が多いが「麦を作らなくなり材料不足と作れる人がいなくなった」とお聞きしたが、わずかに麦藁神輿の集落もある。前夜は田の神祭りの大将の家(または集会所)に子供達は宿泊し玄関両側に立てた高さ2～3mの榊を、その夜に子供達が隣集落へ忍び込み奪い合う風習が残る所もある。

　この流域では小浜市和久里のみで行われており、子供神輿は廣嶺神社宮司に御霊を入れてもら

和久里・宮司による御霊入れ　　　　　　　小浜市本保・田の神祭りと麦藁神輿

い、小学生から中学二年までの男児のみで一日目は田んぼの周辺を、二日目は各家を巡回している。昔は子供達が神輿を担いだが、少子化でリヤカーに神輿を載せている。家に神輿が来訪の時はご祝儀を神輿に供え、五穀豊穣を祈られている。このご祝儀は年長の大将が終了後に参加者に分配するが、大人達は一切タッチ出来ず、その多少に口を挟めないルールになっている。

　「虫送り」も多くの集落で行われていたが、農薬の普及により流域では行われなくなった。名田庄井上では「稲の成長期に入る6月終わる頃、松明をかざし集団で次の様に行う。

「♪稲の虫送ろ　さし虫送ろ　稲の虫送ろ　泥虫送ろ」

と歌って田の畔を歩き、松明の火に集まる虫を焼きながら村はずれまで送った。その先達には寺の住職も参加、鉦を叩き、経を呼んで豊作を祈った」と『名田庄村誌Ⅱ』にある。流域外の小浜宮川地区全集落と松永地区太興寺では今も虫送りが行われており、その歌詞は

「♪いーねのむしを　おくるやあい　ねーむしさーしむし　おーくるやあい　こーぬかむしも
　　おーくるやあい　　ドンデン(太鼓)」である。

| 小浜市宮川地区の虫送り | 小浜市太興寺の虫送り | 宇波西神社の若狭能倉座・風祈能 |

稲作被害防止で「二百十日」に流域の大原・上和多田と塩瀬の２ヶ所で「松上げ」が、和久里では氏神様の八幡神社で「お百灯」が行われ、流域外の若狭町宇波西神社と美浜町弥美神社では「風祈能」が若狭能倉座により奉納されている。

⑬地蔵盆

　地蔵菩薩は子供の守り神と言われ、地蔵盆は地蔵菩薩の縁日８月２３日に子供達が中心となった会式の事で、京都を中心とした近畿地方で多く行われ、関東地方ではほとんど見かけないという。小浜市内では地蔵盆が賑やかに行われ、お地蔵さんは子供達に浜辺や小川でお身拭いされ化粧される。小浜市西津地区では当日早朝に大人が路地に間口二間・奥行三間の地蔵小屋を建て、お地蔵様を祀る集落もある。子供達は「南無地蔵菩薩の五色幡」や「大将幡」を作り竹に吊す。他集落の五色幡や大将幡を狙い水鉄砲や水風船をぶっつけて落下した幡を獲得し、その枚数を競う子供達もいる。夜には御父兄が御詠歌をあげられる。

小浜市西津地区の浜辺でお身拭い・化粧中の地蔵さん・幡作り

　一般的には子供達は祠からお地蔵さんを出して水道水できれいにお身拭いをし、道端に並べお供えをし、お地蔵さんの後ろや横に座して、道行く人々に鉦を叩いてお参りを呼びかけ、お参りがあるとお礼の言葉をかけるが、呼び掛け言葉やお礼言葉は各集落で特徴がある。お供えは子供達に分け与えられる。

　　・お参りを呼びかける言葉、お礼言葉の例

　　「♪　まいってんのーう　まいってんのーう　まいらなんだら　とうさんどー」

　　「♪　ありがとさーん」

流域では地蔵盆は多くで行われているが、河口の雲浜や小浜地域では五色幡を飾り付け、化粧地

蔵さんをお祀りし賑やかであるが、中・上流地域では五色幡や化粧地蔵さんを見かける事は少ない。小浜市内や若狭町では僧侶が子供達に法話をされる集落もある。

| 若狭町の地蔵盆 | 小浜市西津地区の路地に出現の地蔵堂 | 地蔵堂内の様子 |

地蔵菩薩はお釈迦様入滅後、弥勒仏の出生するまでの間、無仏の世界に住して六道の衆生を教化・救済するという菩薩でもある。六道とは衆生が善悪の業によっておもむき住む六つの迷界で「地獄・餓鬼・畜生・修羅・人間・天」があり、墓地の入口には六道の衆生を救われる六体の地蔵菩薩が祀られている。また、道祖神信仰とも結びつき村はずれの入口に「村の結界の守護神」としても祀られ、災難や疫病が村に入ってこない様にその出入りを見つめられている。

　　六道とは、死んでも生まれ変わるとする「輪廻転生」の考えがあり、生前の善悪の行いや思いなどに応じて、六道のどの世界に生まれ変わるかが決まるとされる。

・地獄道―３悪道の一つで、悪行の報いとしてあらゆる責め苦を受ける世界

・餓鬼道―３悪道の一つで、悪行の報いとして精神的や肉体的に常に飢え渇きに苦しむ餓鬼の世界

・畜生道―３悪道の一つで、悪行の報いとして本能だけに従い生きる畜生の住む強食弱肉の世界

・修羅道―３善道の一つで、常に争いの心に支配されている阿修羅の住む世界

・人間道―３善道の一つで、人間が住む世界

・天　道―３善道の一つで、人間よりも優れた存在である天人が住む世界

　　次の世のどこに生まれても、「地獄道には宝珠錫杖を持つ大定智地蔵、餓鬼道には宝珠を持ち与願印の大徳清浄地蔵、畜生道には宝珠と如意を持つ大光明地蔵、修羅道には宝珠と梵筐の清浄無垢地蔵、人間道には宝珠を持ち施無畏印の大清浄地蔵、天道には宝珠と経を持つ大堅固地蔵」（『仏教民俗事典』より）がおられ、六道の地蔵菩薩に救ってもらえるという六地蔵信仰は平安時代に起こり、京都市では六地蔵巡りが賑やかに行われている。六道の地蔵菩薩名や持物は資料により異なる。

　　※道祖神とは、道路の悪霊を防いで行人を守護する神

⑭県境の山上で県外２市と行う祭祀

　　福井県と京都府との県境に頭巾山(871m)があり、山頂に十二社大権現が鎮座される。「権現とは仏・菩薩が衆生を救うために種々の姿で現れること」と広辞苑にある。この社は頭巾山十二社権現、青葉権現、頭巾神社、許波伎神社とも呼ばれ、千年余の歴史と式内社の社格を持つ古社である。頭巾山の呼び名は山伏や修験者の頭に付ける修験具『兜巾』に由来すると『名田庄村誌Ⅱ』にある。御縁日の４月２３日に京都府南丹市古和木、綾部市故屋岡町山森、名田庄納田終の３集落の住民が山頂の社に集まり、祭祀を行い般若心経を唱え、昼食後に懇親をされている。最近は御縁日に近い日に行われている。

　　京都府南丹市美山町鶴ヶ岡緑の少年団発行(H27)の『頭巾山登山記念しおり』には、山頂の「許波岐神社(十二社大権現)は延喜式に記載されている。愛宕神社が鎮座される愛宕山(924m)より高さ比べ

で少し低いため、石を持って登り積む風習があり、崩したり持ち帰ると天罰が下る。嘉永元年(18
47)播州の人が石を持ち帰り大雨になり詫び状をだした記録が残る」の記載がある。社前には石を

積み上げたケルンや幅８０㎝・奥行５０㎝・高さ３０㎝ほどの大きな安永二年(1773)陰刻の石があり、
上面中央に小判型の凹部がある。この石は「奈良の明日香遺跡に見られる「酒船」のように石船
と呼ぶのが正しいのではないかと考えられ、御手洗石でなく雨乞い神事の祭祀具と考えられる」
と『名田庄村誌Ⅱ』にある。石船には山森村願主名が記され、山頂まで巨大な石船を担ぎ上げら
れた信仰の篤さに敬服させられる。灯篭には納田終村、山森村、脇村、佐文郷村、殿村の奉仕者
氏名が陰刻されている。この権現さんは雨乞いの神として信仰されており、県や市をこえて集合
し行われる祭祀は特徴があり、主催当番は３集落で順に担当される。権現さんへの山道は整備さ
れており、山頂近くにはロープに掴まり登る岩場もある。山はこの時期シャクナゲ(県天然記念物)
や高山植物のイワカガミが咲き誇る。頂上からは日本海の広がりや四方が見渡せ風が心地良い。

⑮発心寺の寒托鉢

　小浜市伏原の発心寺は越前永平寺と共に曹洞宗研修道場で、一年で最も寒さの厳しい寒の入り
から節分迄の約１ヶ月間を朝から市中を廻り寒托鉢をされている。天候の良し悪しに関わらず行
列を組んで行われ、その姿は網代笠に黒いマントを羽織り、手振り鈴を持ち、行列最後の僧は錫
杖を持つ。草鞋に素足の僧も見られ、寒さを吹き飛ばすように腹の底から「ウオー」と声をだし
鈴を鳴らす、その姿に修行の厳しさと気高さを感じる。

　写真愛好家がこの時期県外から多く来られるが、この行事は観光目的でなく僧修行の一環で行
われており、その修行に敬意を表し、心をこめてお布施をし、托鉢修行の邪魔をしない、拝見さ
せて頂いている事に感謝する心を是非持ちたい。

⑯名田庄太鼓

　名田庄の和太鼓グループ「勇粋連」はふるさと創生事業の一環として平成元年名田庄に生まれ
た。以降継続して活動を続けられ、３０人の団員を有するに至り、小学生以下の小粋連にも１０
数名を数える。名田庄特産の「自然薯」祭りや暦会館主催「日本の伝統文化を観る夕べ」、「名
田庄星のフィエスタ」、「大火勢」等の名田庄や他地域の各種催事にも積極的に参加してその技
を披露されている。大晦日の２２時～元日２時にかけて名田庄全ての神社で「行く年・来る年」

の打ち納め、打ち始めの太鼓が毎年継続して行われている。海外でも演奏会をされ、令和元年には３０周年記念公演を地元で盛大に開催されその様子はテレビでも放映された。大太鼓の五芒星は名田庄に陰陽師安倍家の３１代から３３代までが住み、「陰陽道と暦のふるさと名田庄」のキャッチフレーズで名田庄地域が各種活動をされる事に由来する。

⑰日本の伝統文化を観る夕べ

　名田庄納田終の暦会館は平成四年に開館され、陰陽道の伝習や習俗を後世に伝え、散逸していた資料や天文観測に関する古書、機器を保存し後世に残す活動をされている。各種暦や陰陽道に関する資料、天文観測機器、香時計、水時計等が展示されており、自分で運勢を占なうコーナーもあり、随時企画展や講演会も開かれている。また、定期的に隣のコンベンションホールで狂言や人形浄瑠璃、獅子舞、舞楽と雅楽、日本の大道芸、左義長囃子、石見神楽、和太鼓や尺八等の伝統芸能が公演され、広場では手筒花火や和太鼓演奏等が行われている。

手筒花火

舞楽と雅楽

石見神楽

⑱流域の寺院

　流域（小浜津島、小浜多賀は含み小浜市街は除く）には５１寺院（※）が建立され曹洞宗が６５％を占める。流域の郷土誌によると「元は天台宗や真言宗寺院が多かった」とあるが、この事は相生興禅寺の役割が大きい。「同寺は南北朝時代の文和四年（1355）に建立され瑞龍寺と呼ばれる天台宗の寺院であったが、１３０年後に若狭武田氏の重臣で五十谷城主寺井日向守の菩提寺となり曹洞宗瑞龍山興禅寺と改めた」（『口名田郷土誌』より要約）。興禅寺発行資料によると「興禅寺五世白厳和尚が熱心に布教活動を進め、改宗や寺院を建立し名田庄流域の本寺の地位を築き、この頃には末寺は２６に及んだ」とある。その後、統廃合や江戸幕府のキリシタン対策による檀家政策で新たな寺院が建立

興禅寺参道

され青井妙徳寺、小松原松福寺の役割も大きく相生以南の口名田、中名田、名田庄地域の３２寺院中曹洞宗寺院数は２７（85%）を占める。「文明七年（1475）蓮如上人が越前吉崎から舟で小浜に上陸し、南川流域を南下し名田庄に滞在して丹波へと布教の旅を続けられた」と郷土誌にあり、この時に残り５寺院（15%）が浄土真宗に改宗された。

　また、曹洞宗中興の祖と言われる面山和尚が江戸時代中期「若狭小浜藩主酒井忠音に享保十四年（1729）菩提寺空印寺１４世住職に迎えられた。禅師は隠居後も永福庵で更に道元禅師の研究を重

ねられ『面山弘録』を始め千巻に上る著書を著し、著書は越前曹洞宗本山永平寺に面山禅師文庫として保存されている。面山和尚は天和三年(1683)肥後に生まれ、早くに母を亡くし母を弔おうと仏門に入り、諸国を行脚修行された。明和六年(1769)８７歳で没せられた」と人の駅説明板(小浜市作成より抜粋)にある。その永福庵は小浜市上野から明治１９年に口名田地区奥田縄に移築され毎年全国から僧侶が集まり９月１７日に法要が行われている。移築元の上野には面山碑が建てられ、毎年４月１７日に宗派を超えて地域の僧侶と区民が参加して法要が行われている。

小浜市空印寺
面山和尚像

※－『名田庄村誌』、『中名田郷土誌』、『口名田郷土誌』、「小浜市郷土研究会『半世紀のあかし』」より

口名田地区奥田縄の永福庵　　　小浜市上野の面山碑法要　　　小浜市上野の面山碑法要

⑲流域の神社

流域には５６神社(※1)が鎮座される。(雲浜地域の北川流域は除き、小浜津島、小浜多賀をふくむ)

名田庄	中名田	口名田	今富	雲浜	小浜津島
15社	17社	10社	11社	2社	1社

※1－『名田庄村誌』、『中名田郷土誌』、『口名田郷土誌』、『福井県神社誌』より

神社名で分けると下記のようになる。

熊野神社	八幡神社	愛宕神社	廣嶺神社	稲荷神社	苅田彦神社	加茂神社	山神社	他
6社	5社	5社	4社	4社	3社※	3社	2社	24社

※苅田比賣神社、苅田姫神社を含む

延喜式内社は名田庄に３社、小倉の苅田彦神社と下の苅田比賣神社、納田終の十二社大権現が記録されている。十二社大権現は⑭県境の山上で県外２市と行う祭祀の項で前述した。苅田彦神社

小倉の苅田彦神社　　　小倉の苅田彦神社秋祭り　　　小倉の苅田彦神社秋祭り

は大同元年(806)、苅田比賣神社は大同二年(807)の創建(『名田庄村誌』)で陰陽神と伝えられており、苅田彦神社は『福井県神社誌』に「口伝によれば、藤原仲麻呂の乱の時、軍巧者となった坂上苅田麻呂がこの地の菅領として着任し善政をした。このことを感謝して社殿を建て祀り氏神とした」とある。坂上苅田麻呂は平安時代に蝦夷征伐を行った武将坂上田村麻呂の身内である。苅田彦神社秋祭りでは久坂が３年毎に、小倉・片内の集落が５年毎に棒振り大太鼓を奉納されている。下の苅田比賣神社秋祭りでは江戸時代から伝わる獅子舞が奉納されている。

納田終の加茂神社は式内社ではないが養老二年(718)に勧請され、陰陽道と深い関係の泰山府君や善積河上大神もお祀りされ、春季大祭は柴走り、秋季大祭では神楽が奉納されている。

中名田地区の加茂神社は式内社ではないが「我が国で神社制度が整い始めたのは第四十代天武天皇の時(673～683)といわれており、神社は延暦八年(789)坂上田村麻呂によって京都上賀茂神社をこの地に勧請され、神社草創の早期の創立である」(『中名田郷土誌』より)とあり歴史がある。秋祭りでは氏子３集落が当番年に、神楽や棒振り大太鼓、浦安の舞いを奉納されている。

中名田地区の加茂神社　　　　氏子集落の神楽　　　　氏子集落の浦安の舞い

⑳若狭瓦

中流域の口名田地区では「良質の粘土が産出され高温で焼成する燻(いぶし)瓦が、江戸中期から作られた。東相生の興禅寺には『宝暦十一年(1761)』と書かれた瓦製の灯篭がある事から、瓦は広く周辺地方でも使用された。また、江戸期に北前船９艘を保有した若狭の豪商古河屋や１１艘を保有した木綿屋(志水源兵衛)らは行き船に若狭瓦を、帰り船にニシンや昆布等の北海道の特産品を

瓦製造のダルマ窯　　　八幡神社合祀「舟玉神社」北前船模型　　　廣嶺神社合祀「舟玉神社」扁額

扱かった。北海道小樽倉庫が博物館に改修された時、屋根の鯱鉾(高さ165cm)に若狭州遠敷郡口名田村相生・四方吉次郎の銘が入っているのが見つかった」と『口名田郷土誌』にある。瓦は相生から河口の倉庫まで何艘かの川舟をつなぎ南川を下り運ばれた。現在は良質の粘土が取れなくなった事等もあり、瓦製造のだるま窯が保存されているのみになったが、市内には室町～江戸期の豪商であった組屋や古河屋、木綿屋、百足屋らが北前船の海難事故防止を願いそれを縮尺模型にして船魂として神社に奉納し、それらを祀る舟玉神社が若狭姫神社や男山八幡神社(2艘)、千種廣嶺神社、宗像神社(2艘)、金毘羅神社の５社に７艘が祀られている。

㉑若狭和紙

中名田地区では若狭和紙が古くから作られていた。「養老律令(718)に対する施工細則といわれる古代法典『延喜式』(927)に、若狭年料別貢及び、調、庸が記されているが、その庸として中男(成年男子)に納入を課せられた作物に紙、蜀椒子(さんしょ)、海藻、鯛楚割(たいそわり)、雑穀などがあげられている。おそらくその当時から若狭和紙として都へ運ばれ、中央政府に収められていたと思われる。江戸初期若狭藩主酒井忠勝の時代においては、楮や三椏(みつまた)の栽培が奨励され大きく躍進した」と『中名田郷土誌』にある。さらに「大正十年には和紙製造戸数が３０４戸・職工

数１０９５人、昭和十三年には製造戸数２０５戸 ・ 従業員数４３９人」とあり依然大きな産業であったが、昭和二十八年(1953)の１３号台風で壊滅的な打撃を受け、今では数戸で行われているのみであるが、曲げや折りにも強く強度がある若狭和紙は「浅草雷門の大提灯に、わしが作った和紙が使われた」と現役の生産者からお聞きした。

㉒若狭研磨炭

　木炭と聞くと大きな火力と持続力で料理に使われるウバメガシを原材料にした備長炭を思い浮かべるが「木炭は古くから漆器や金属器などの研磨に用いられてきた。ホウノキを原材料にした朴炭、ニホンアブラキリを原材料にした駿河炭、ツバキを原材料にした椿炭等がある。ニホンアブラキリを原材料にした研磨炭を作れるのは国内でただ一人、名田庄の東浅太郎氏のみで、氏は選定保存技術(研炭製造)保持者として、国の認定を受けられた。選定保存技術の認定は、文化財保護法に基づく、有形・無形の文化財の修理等、保存に欠くことのできない技術を国が選定し、更にはその技術を保持している個人や保持団体を国が認定する制度で、平成六年文部大臣より氏は認定された。その製造には各種の工夫を随所にされた」と『名田庄村誌』に具体的にある。

　ニホンアブラキリの研磨炭が、駿河炭と呼ばれるのは昔その地で盛んに作られていた事に由来する。愛弟子の木戸口武夫氏(製炭師)が受け継がれており、資料によると「その工程は原木探し・山主の伐採許可・伐採・麓へ運び出し・工場へ運搬までが第一段階で、寸法切り・割り・皮むき・乾燥までが第２段階、窯入れ点火・炭出し・サイロで火消し、加工選別・包装までが第３段階で

完成までに３年以上の期日と１４工程を要する」とある。原材料のニホンアブラキリは樹齢５０年以上の材を使用されている。木戸口武夫氏は平成三十年(2018)に国から黄綬褒章を授与された。アブラキリの実は「コロビ」と呼ばれ江戸時代は米と同じように年貢として納めた。

　小浜市では古くから若狭塗漆器が生産されており、福井県作成『越前若狭の伝統工芸品』(産業労働部技術振興課)によると「発祥は約４００年前小浜藩松浦三十郎が海底の様子を意匠化して考え、名称は寛永十一年(1634)若狭に赴任した酒井忠勝が命名した。幕末の文久二年(1862)皇女和宮が徳川家に御降嫁のお支度品の塗物もすべて若狭塗で整えられた」とある。現在でも特産品として生産されており「生産には３３工程が必要で、漆研ぎには当地で生産された研磨炭を使っている」と御食国若狭おばま食文化館で実演されている方からお聞きした。

NHKドラマ「ちりとてちん」漆塗工房セットと研磨炭 （御食国若狭おばま食文化館で許可得て撮影）　　　漆研ぎ工程

㉓中名田地区の茅

　中名田地区では茅生産が行われており、文化庁より平成二十三年「ふるさと文化財の森」として茅場が認定された。茅はススキと呼ばれる植物で初冬に刈取り、茅で三角錐のツトを作り野良で春まで自然乾燥させる。地区では中山間地の農耕地に自生した茅を地域の村興しの「振興策」にと活動され、その熱意が実り小浜市に建立されている国指定名勝・萬徳寺書院屋根葺き替えに屋根材として平成十三年に使用された。その後も生産に励み、中名田の茅は野良で風雪に晒し春まで自然乾燥している事から「強度が強く品質が良い」と評判で、県内外の屋根材として人気が高い。野良で自然乾燥しているその風景は日本の原風景として人気がある。

茅場の風景　　　　　　　　　茅場の風景　　　　　　　　　茅場の風景

３）各集落の民俗行事

本誌の南川流域は下記の地区とした。

・おおい町名田庄、小浜市中名田・口名田・今富・雲浜(北川流域を除く)の各地区と南川と
接している小浜地区の小浜津島区、小浜多賀区とした。

本誌掲載の各集落の行事を地区別と四季別に分類すると下記のようになる。

・地区別に分類

名田庄	中名田	口名田	今富	雲浜	小浜	合 計
31	25	6	11	4	4	81

・四季別に分類

春の行事(3〜5月)	夏の行事(6〜8月)	秋の行事(9〜11月)	冬の行事(12〜2月)
11	29	28	13

一　凡　例　一

集落の各ページは下記のように記した。

・集落行事は行事の様子写真を上部に、その内容を下部 ⌐‥‥¬ 内に記した。

・各集落の民俗行事は「南川源流から河口へ」「支流の上流から下流へ」の順に紹介し
ている。

・同じ集落の行事は催事月日が早い順に紹介している。

・ページ左上に文化財の指定を記し、それは令和３年(2021)１０月時点の指定である。

・題名は | ○○○の民俗行事名 | とし、○○○は集落名や字名を、ページ右上に
地区名を入れた。ただし字で行われている所は下記のように集落名などいれた。

（例）

○○○無形民俗文化財	中野の松上げ	福井県おおい町名田庄地区納田終

・複数字や集落が合同で行われている行事名は | ○○○神社のお祭り | のように神社名
や地区名にした。

・撮影年はページ右下に記し、撮影が複数年の時は「 ① 」のように写真に付記し、そ
の年度を、または○○〜○○年と記した。

県外2集落と納田終の権現祀り

　頭巾山(とうきんざん・871m)は福井県と京都府の県境の山で、頂上には「冠巾山十二社大権現」を祀る。毎年福井県おおい町名田庄納田終と京都府南丹市美山町古和木、綾部市故屋岡町山森の3区が4月23日(最近は近い日曜日)に登山し、山頂の権現さんでお祀りをされる。世話役は3区持ち回りで、この年は納田終がお供え等準備され、集まった60人ほどで般若心経をあげられた。その後、お下がりのお神酒を頂き昼食をとり懇談をされた。社そばには長さ80cm、幅50cm、高さ30cmほどの祭祀で使用されたと推測の石船があり安永二年(1773)の陰刻がある。険しい山道を人力で頂上まで運び上げられた苦労が偲ばれる。この山は雨乞いの神様として知られ、石を山頂に積む風習があり、山頂の石を崩したり、持ち帰ると罰が当たると言伝えられている。山道は整備され高山植物の「イワカガミ」や「シャクナゲ」が咲き誇る。権現さんは延喜式内社である。

　2016年(H28年)撮影

中野の松上げ

名田庄納田終中野の松上げは７月２４日㈬１８時より中野橋の袂で行われた。集落は納田終地区の最南端に在し山向こうは京都府である。産業構造の変化や、交通の利便性等から集落戸数は以前の半数ほどに減少した。松上げは各家から直径８cm長さ２５cmほどにした松のジンの束を持ち寄り、井桁状に組まれて燃やされた。「麻の栽培が禁止されるまでは、子供達が各家からオガラの束を集め、橋の袂まで持ち寄り褒美に駄賃を貰った。大人達がそれを橋の袂に底辺２m、高さ２mほどの三角錐状に立て、松のジンで出来た松明に火を点けて、苧殻の三角錐に火を移し燃やした。ご利益は火伏せで昔からこの方式である。集落の川上にある老左近集落でも同じ方式で行われていたが、残念ながら集落は社会情勢の変化で無人になった」とお聞きした。山仕事に従事されていた多くの家では松のジンは保管されている。

　　　　　　　　　　　　　　　　　　2019年(R元年)撮影

　棚橋と小向は福井県の史跡野鹿の滝の途中にある。愛宕さんの松上げは7月24日(日)に合同で愛宕神社境内で行われた。地名の納田終はこの先に田んぼが無い事が由来である。「愛宕さんが祀られている山は、昭和30年代の高度成長期以前はかまどで燃料にするため山は木の枝を切られ、はげ山のようになり麓から山の中腹に鎮座される愛宕神社が見えた。その当時の松上げは愛宕神社境内で行っていたが、化石燃料が普及しだすと山の木の枝を切り薪にする事が無くなり、山が茂り山火事になる危険があるとの理由で、松明を投げ上げる従来の松上げから形を変えて『松上げの松明』を奉納している」とお聞きした。松明は神事の時に神社境内で燃やされるが「その焚火は愛宕さんの神事の火であるから、不浄なごみを燃やす事を固く禁じている」とお聞きした。

　名田庄納田終の加茂神社春祭りと秋祭りは３月２日と１０月２日に近い土曜日か日曜日に、７集落が参加して行われるが、それは１月３日の文（当・とう）出しから始まる。文出しは秋と翌年の春祭り当屋各２軒をくじで決める行事で、宮司が紙縒りで神事直前に作られる。三方に載せられたくじを本殿にお供えし、７集落の宮当番は神事後、社務所に戻りくじ引きが始まる。くじは公平を期するため「集落くじ」と「氏子くじ」の２段階に分かれる。初めに数字が書かれた集落くじで集落順を決める。次に当屋くじでまだ当屋をしていない戸数分のくじが作られているおり、各集落毎の氏子台帳から氏名を世話役が読みあげ、集落の宮当番がくじを引く。外れると次に引く時は氏子台帳に書かれた次の氏名になり、当屋の当たりが出るまで繰り返し行われる。くじには「秋」と「春」の文字が各２本書かれている。集落の氏子から「当たりくじを引き当て、早く当屋をしたい」と期待が大きく、宮当番は手を合わせて祈りながらくじを引かれている。

　白矢の山の口講は1月9日(日)9時30分から当番5人が参加して行われた。「山の口」は山の神様をお祀りする行事で年末の12月9日にも行われ、この間は神様が木の実を拾い、種を撒かれるので入山はご法度である。山の神様は女性でお供えに姿の醜いオコゼ等をされる。この年は大雪で山の神の祠や御神木までの参道の雪かきから始められた。その後、社務所で御幣作りが始められ、大を4本・小を12本を作られた。閏年は1本増えて13本作られる。注連縄は直径1mほどの御神木のケヤキに巻かれる長いものと祠と石碑に飾られる2本が用意された。お供えは御神木に杉板製のヘギ板の上に、丸干し鰯2匹・赤飯1つ・おしろ餅1つ・味付け海苔をされ、山の神には更にお神酒をされ、おしろ餅には甘酒がかけられた。おしろ餅は米をすり潰し水で練った団子である。それぞれに灯明がともされ礼拝が行われた。終わるとお神酒のお下がりがあった。山の口講では荒神さんもお供えされてお祀りされた。荒神さんは竈の神様である。「昔は神事後に当番宿に講員がお講箱にご飯を入れて持ち寄り、宿では油揚げ、野菜の煮付け、味噌汁、鯖の煮付け等の料理が出され、謡も謡われ賑やかに直会が行われた」とお聞きした。

 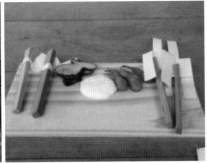  

　名田庄納田終加茂神社の柴走りは３月２日に氏子７集落が参加して行われた。この行事は正月の文出しで選出された今年の秋祭り当屋２軒と来年の春祭り当屋２軒がそれぞれの役割を決め、災いや疫病を集落の外へ投げる行事である。神事で祈禱された柴（榊を直径5㎝ほどの束）を舞殿で宮司から裃姿に素足の両当屋が受取り、当屋の身内である二人の走り子が徒競走で参道１００ｍほど先の２本の大杉に張られた勧請綱の向こうへ投げる順位を競い、勝てば「餅作り当屋」、負ければ「注連縄作り当屋」になる。餅当屋は牛の舌餅９７枚と一升餅８枚で４組のお鏡を作る役で、注連縄当屋は延べ約４０ｍの注連縄を本社や分社等に祀る役となる。お餅は当日のミゴク祀りや加茂芝神・吉澄河上大神・貴船大神・泰山府君にお供えされる。餅当屋の走り子は当屋から餅の入った櫃を本殿迄運ぶ役で、車で運ばれているが「以前は櫃を背負い休憩せずに神社まで運ぶ事が掟で、雪道を４ｋｍ運んだ集落もあった」とお聞きした。「ミゴク祀り」は人身供養の代わりに９７枚の牛の舌餅をお供えする祀りである。徒競走は今秋当屋と来春当屋の２レースが行われる。お供えの野老（トコロ）は特徴がある。

白矢の天王祀り

　白矢の天王祀りは６月第一日曜日に行われた。加茂神社社務所で１斗の赤飯が小分けされ３００枚余のホウバに包まれた。ホウバは抗菌作用があるとされ、参拝の方々に手渡される。神社は茅葺きの薬師堂から５分強の距離に鎮座され、本社や分社にもホウバの上に赤飯がお供えされた。神社の額には「廣峯神社」とあるが、ご祭神は「牛頭天王」で土御門史跡保存会の案内板によると「一般的には天王さまと呼ばれているが、牛頭天王と称され祇園さんとも言われ、京都八坂神社のご祭神と同じである。『薬師如来』の化身ともされ、頭は三尺の牛頭、三尺の赤角のあるお姿で『牛頭天王』と呼ばれるようになった。ご利益は『牛の神様』とされているが、本来は疫病除けの神様である。土御門一族により播磨国廣峰からこの地に勧請された。日本に勧請されたのは吉備真備で、本殿横の分社に祀られている」（一部略）とある。「昔、遠方の井上や中野集落から牛を連れてお参りされたのを見た」と年配の方からお聞きした。神社の屋根は「こけら葺き」である。

　　　　　　　　　　　　　　　　2017年(H29年)撮影

加茂神社の勝当屋宵祭り　　福井県おおい町名田庄地区納田終

 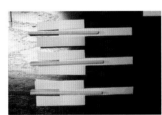 

　納田終加茂神社秋祭りの勝当屋の宵祭りは１０月２日（金）に行われた。宵祭りは勝の当屋と勝の走り子と負けの当屋と宮司が参加して行われた。同じように負け当屋でも日は異なるが同様の宵祭りがある。式に先立ち明日の身御供祭りの御幣を割り箸を半分ほどの長さに切り９６本作られた。裃姿の両当屋は座敷の注連縄で囲まれた結界の中に座して神事が進められた。式の中でコロナウィルス感染拡大の情勢からお神酒交換は控えられた。お供えは榊葉を一枚差した米満杯の一升枡と交差に積まれた鯖・１２個の赤石・身欠けニシン・川魚と身御供祭りの牛の舌餅、四祭神へ一升餅を八枚、野菜等である。枡の米は毎朝沐浴の際に榊葉ですくって食される。赤石は前の川（南川）から採取された。神事の後で直会が持たれた。翌朝６時から勝当屋で宮司と負当屋も参加してオロオロ祭り（大食大膳祭り）が行われ、ご飯の上に更にお握りを載せたお椀や六角形や短冊に切った大根を載せたお椀がお供えされた。朝食に身欠けニシンと大根を具材の汁物が作られた。

　　　　　　2020年（R2年）撮影

　加茂神社の秋祭りは１０月３日(土)の早朝６時から始まった。勝ち当屋でオロオロ祭りが始まり、次に櫃に入った牛の舌餅９７枚と一升の鏡餅４組の入った櫃を本殿まで走り子が運び、神前で身御供祀りがあり、祭り当屋のお祓い・神楽演者達のお祓いがあり、その後、境内迄曳かれた神楽屋台で笛や鉦、太鼓の演奏が奉納された。神楽は９曲伝承されており「道曳・露払い・雲井・岡崎・花神楽、ショシャギリ・ホテシャンギリ・三番叟・門下がり」である。境内で神楽が奉納されている間に本殿では厄年の方々のお祓いがあった。１１時に神楽が終了し、昼から社務所で直会がもたれた。祭り本日の７日ほど前から勝ち、負けの両当屋で各々神事が始まっている。村誌によると神楽は「３００年前に伝わり、上若者中は善積川上神社に、下若者中は加茂神社とそれぞれが氏神に根拠をおいて競い合った。神社法で加茂神社に合祀されると二組の神楽が競って奉納され、神輿も石段をすさまじい勢いで競い登った。演者は太鼓打ち（大人・子供）、天狗、大首、お多福、鉦打ち（2人）、合わせ鉦打ち、小太鼓、ササラスリ（2人）、笛吹き（10人）、警護役、看板持ちと盛大な祭りであった」とある。

2020年(R2年)撮影

加茂神社の新嘗祭

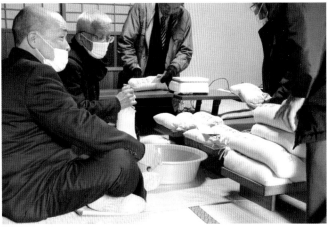

　納田終加茂神社の新嘗祭と大祓いは１２月６日(日)１０時から行われた。氏子各集落の代表は各氏子から「御初穂と氏名」が書かれた布袋に新米を入れ、非農家の氏子は同じく布袋に初穂料を入れてお供えされた。布袋は長さ３５、幅１５㎝ほどでお米を入れると重さ２.５kgほどである。新米の入った布袋は神前で御祈祷を受け、式後に希望者に有償でお下がりされた。お供えは海や里山の幸もされた。新嘗祭の後に大祓いが行われ、式後の午後に直会が社務所で行われた。加茂神社は創建が養老二年(712)で祭神に別雷神(わけいかずちのかみ)をお祀りされるが、京都上賀茂神社と同じご祭神である。本殿は柿葺きで町文化財でその上を大屋根に覆われている。神社には他に貴船神社、吉澄河上神社、泰山府君社を合祀され、泰山府君社は陰陽道で祀られ「安倍有宣が京の応仁の乱の戦火を避けて当地に避難建立した社で、慶長年間に安倍泰重が帰洛に伴い谷川左近家が奉祀するようになったと谷川家古文書から明らかである」と『名田庄村誌』にある。「直会料理は１５年ほど前までは宮総代家がタタキ牛蒡やナマス、煮豆などを作り奉仕していた」とお聞きした。現在はパック料理である。

天社土御門神道の星祭り

　名田庄納田終に天社土御門神道本庁が鎮座され、毎年2月4日に星祭りが催行される。「日本における星信仰は2系統あり、陰陽道系と密教系で星祭りの星は運と云った意味で意識されており、黒星・半黒星・白星で吉凶が判断される」(『日本民俗大辞典』)とある。陰陽道の星祭りは「泰山府君祭本命属星祈禱祭」と言い「属星とは人は生まれた年や日の干支から北斗七星のいずれかの星に属するとされそれを属星という。子年生まれは貪狼星(とんろうせい)、丑・亥年生まれは巨門星(きょもんせい)、寅・戌年生まれは禄存星(ろくぞんせい)、卯・酉年生まれは文曲星(もんごくせい)、辰・申年生まれは簾貞星(れんじょうせい)、巳・羊年生まれは武曲星(むごくせい)、午年生まれは破軍星(はぐんせい)で、北斗七星は個人の寿命・禍福を司る」(『図説安倍晴明と陰陽道』河出書房新社)とある。本命属星は年によって吉や凶であるため、それを鎮め災難除去や福徳増進を祈る祭りである。

　　　　2013年(H25年)撮影

　天社土御門神道本庁は名田庄納田終に鎮座され、山向こうは京都府美山町である。毎年８月１日に境内の白・赤・青・黒の鳥居で囲まれた天壇で名越祓・八朔祭りが行われている。神官の祭祀、火の儀、鈴の儀、撒紙の儀、弓の儀、布裂きの儀、解き縄の儀等が行われ、解き縄の儀では左手用、右手用の縄で体を祓い、それぞれを手を使わずに口で解きほぐす儀式である。厳粛な雰囲気の中で祭事が進み、蝉の声が染み渡る。境内の鳥居には茅の輪が作られ、神官を先頭に参列者が３回くぐり、その間は庁長が複数の詩を読み上げられた。式には地元民や県内、遠く東北、広島県、岡山県、京都府等からも参列され、中には貸し切りバスで来られた参列者もいる。祭祀の後で茅の輪が授与され直会が行われた。

大滝の新嘗祭・大祓い

　大滝の加茂神社新嘗祭と大祓いは１１月２９日(日)の１０時から行われた。社務所床の間の「天照皇大神」掛け軸の前で祝詞奏上の後、本殿で式典が行われた。本殿は柿葺きでその上を大屋根に覆われている。小宮さん・山の神も境内にお祀りされている。お供えは腹合わせ鯛等の海の幸やお鏡餅、シイタケ・野菜等の里の幸をされた。「秋の式典ではマッタケもお供えした」とお聞きした。加茂神社は康正２年(1456)に創建された歴史ある神社である(『名田庄村誌』)。式典後社務所で囲炉裏をみ、お神酒やお供えのお餅、シイタケ等を焼き、和やかな直会が持たれた。舞堂には囃子屋台が展示されており昭和後期(55年前)迄は秋祭りに子供達の囃子が奉納され、屋台が集落を練り歩き「岡崎・三番叟・ホティシャンギリ・花神楽・道引き・門下がり」の６曲が披露されていた。「屋台の塗りは本漆で、隣集落の蛇頭でも使われた」とお聞きした。

　　　　　　　　　　2020年（R2年）撮影

蛇頭の新嘗祭・大祓い

　蛇頭の新嘗祭と大祓いは１１月２９日(日)９時から野津多徒神社で行われた。神社は康正二年(1456)に創建された。本殿は柿葺きで大屋根に覆われている。「『若狭国神明帳』には『野立明神』とあり、祭神は『古事記』の記事も参考に野の神『ノズチ命』をお祀りされていると推測される」と『名田庄村誌』にある。神社名は珍しく『福井県神社誌』(福井県神社庁発行)で調査すると県内唯一の神社名である。社務所の掛け軸を前に祝詞奏上後本殿で式典が行われた。蛇頭には大蛇伝説が伝承されており、「隣集落の沼に住む大蛇を旅の武士が弓で射た時に、大蛇は天に昇り切れず集落には頭部が、尾根を一つ越えた尾谷(小谷)集落には尾部が天から降ってきたと伝わり、頭部が落ちてきた当集落は『蛇頭』と呼ばれるようになった」とお聞きした。また椿姫の言い伝えもある。「京の公家の娘・椿姫が若狭の海を見たいと山道を歩き続けてきたが、蛇頭で疲れ果て集落の人々の手厚い介護で回復し、その親切さに感激しここに永く住みたいと熱望し、集落の人々と打ち解けあい生涯を終えた」と『名田庄のむかしばなし』(名田庄村教育委員会発行より要約)にあり、椿姫の宝篋印塔が建立されている。

　　　　　　　　　　　　2020年(R2年)撮影

口坂本の地蔵盆

三十三所　観音霊場を御廣め玉ふ
御辞世に、うろよりもむろに　いりぬるみち　なれば
これぞほとけのみくになるらん
攝津の國有馬郡三輪東光山花山院菩提寺花山法皇入覺御詠歌
ありまふじふもとのきりは、うみにして
なみかときけば、おの、まつかぜ
はなやまの、みねにおさまる　かんぜおん
にせのねがいを、たすけたまわる
なにしおう、わがよはこ、につくしてん
ほさけのみくににちかきわたりに

坂本　第十一番　常英寺
みほとけにたのみをかけし
ひとびとを
みちびきたまへ　さかもとのてら

御詠歌壹千題

ふるさとをはるばるここにきみいでら
はなのみやこもちかくなるらん
第三番　紀伊国那賀郡
ちちははのめぐみもふかきこかわでら
ほとけのちかいたのもしや

ふだらくや、きしろの
なみは、みくまのの
ひなちのおやまに
ひびくたきつせ
第二番　紀伊国和歌山市
金剛宝寺
第一番　紀伊国東牟婁郡
那智山青岸渡寺

　口坂本の地蔵盆は８月２３日(日)に地蔵堂で行われた。集落では児童は参加されず御婦人達で行われ、令和二年は全国的にコロナウィルス拡散で３密を避けるために、３人の御婦人のみで行われたが、本来は多数の御婦人が参加して行われる。法要は２体のお地蔵様を前に御真言・四方奉文・懺悔文と経典の順に行われ、西国三十三ヶ所の御詠歌と番外の御詠歌、最後に曹洞宗坂本常英寺の「みほとけに　たのみをかけし　ひとびとを　みちびきたまえ　さかもとのてら」の御詠歌を詠れ２時間半ほどかけて行われた。お供えはお団子とお膳で、お膳にはご飯・味噌汁・インゲン豆の胡麻和え・煮豆・煮物で、煮物の材料はジャガイモ・サツマイモ・お麩・かぼちゃ・ミョウガ・シイタケである。

井上の神楽

　井上の神楽は８月１４日(金)に伊津岐(斎)神社へ奉納された。神社は慶安二年(1650)に創建され、ご祭神は伊邪那美命をお祀りし、秋葉神社・金毘羅神社を合祀されている。(『福井県神社誌』より)　神楽は「猿の舞い・シャンギリ・神楽・門さがり・門がかり・道引」の６曲を伝承されている。例年は子供も参加して太鼓を打ち、赤鬼・青鬼が道を清めて歩き、お多福、ヒョットコは太鼓の周りを面白可笑しく舞うが、本年は全国的にコロナウィルス感染拡大により略式で行われ、大人達の笛や鉦で役員３人の太鼓演奏が境内のみで行われた。井上では神楽と松上げが隔年毎に行われており、昨年は松上げが南川河川敷で行われた。松上げは区長の言葉「大峰さんに松上げましょう」で始まる。

　　　　　　　　　　　　　2020年(R2年)撮影

井上の１０月（シイラ）祭り

　井上（いがみ）の１０月祭りは１１日（日）９時より憩いの里会館と伊津岐神社で行われた。初めに会館で式典があり宮司・当人・相人（あいとう）と役員７人が参列された。当人は１０月祭りの当番で相人は次回祭りの当番である。式典で食される料理は当人の家族により早朝から魚のシイラと大根をサイコロ切りにし、一つに合わせて酢を入れたナマスとそれに煮た黒豆・ご飯を一緒にヘギ板に載せて当番２人と宮司の３人分を準備された。その料理は式典の中でヘギ板を両手で持ち上げ直接口をつけて一気に食された。シイラは黄金色に輝く魚で色が変化する事から虹の魚とも呼ばれ、雄はコブ鯛の様に額が突き出ている。他には味噌汁も作られ、鯛や鮎・白酒・シイタケ等の野菜もお供えされた。神社では直径１０㎝、厚み１㎝ほどのお餅５７個を木製の台付きお皿１２ヶに４〜５段に積みお供えされ、神社から少し離れた「お多賀さん」にもお餅をお供えされた。昼から憩いの里会館で直会が行われた。シイラは隣の中名田ではお歳暮に嫁の実家に送ったと郷土誌（大正七年発行）にある。若狭町常神や滋賀県高島市朽木麻生ではシイラ切り神事があり、朽木途中ではシイラ祭りが行われている。

　　　　　　　　　　　　　　　　2020年（R2年）撮影

下の松上げ

子供用トロギを立てる地面の穴

　下の松上げは子供用と大人用の2本のトロギを立てられて8月25日(土)に行われた。『名田庄村誌』によると「かつては山頂の愛宕社の前で松上げが行われ、青年、子供達によって麻木が集められ、天神社前へ集合、太鼓・笛で囃し、暮れるのを待って松明をつけ、麻木をもって山頂の社前へ登り、火をつけた麻木を放り上げた」とあり、松明をモジめがけて投げ上げる今の方法とは異なっている。今は南川河川敷に子供用のトロギは地面に掘った穴に立てられ、大人用トロギは地面に立てられた支柱に沿って立てられた。子供用トロギは杉柱で、大人用トロギは鉄製で事前に準備しておいたモジを取付け、鉄柱下部のハンドルを回す事によってロープが捲き上げられ高さが上下する構造になっている。当日の夕方に天神社前に集合し、棒の先に油を含んだウエスを入れた缶に火を付け、河川敷まで約1kmを行進して、その火を元火に松上げが始まる。

　　　　　　　　　　　　　　　　　　2018年(H30年)撮影

下の戸渡し

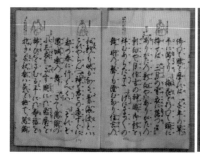 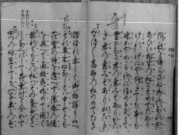 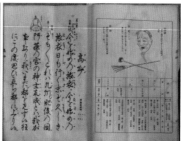 

　下の戸渡しは１０月４日(日)にアマゴ山会館で、区長や社寺筆頭総代ら７人が参加して行われた。全国的にコロナウィルスが拡大するなか感染防止を図るため区民は参加せずに役員のみの略式で行われた。参加者の内訳は区長・寺社筆頭総代・新大当番・次期大当番・次々期大当番である。区長と新当番で杯のやり取りがあり、次期大当番と次々期大当番、区長と寺社総代の順に杯を頂かれ、その都度高砂や四海波等の謡が唄われた。本来は盃が廻される。通常はこの場に区民が参加し、この講に続いて「祭り講」が行われ区長等の挨拶があり、新役員は区民から祝福される。下は県無形民俗文化財の「獅子舞」を五年毎に披露され、「松上げ」「神迎え」等の民俗行事もしっかりと伝承されている。集落に鎮座される苅田比賣(ひめ)神社は隣り村の小倉に鎮座される苅田彦神社と陰陽神で共に歴史ある延喜式内社である。

　　　　　　　　　　　　　　　　　　2020年(R2年)撮影

　下には苅田比賣神社が鎮座され、大祭は５年毎の１０月に獅子舞が奉納された。獅子舞は江戸中期の安永四年(1775)伊勢渡会郡の御師から伝授され、その演目は「剣の舞・神楽の舞・四方舞・王の舞・花の舞・猿(さん)の舞」の６曲である。「剣の舞」は一生一度きりの演技で真剣を持ち邪鬼を祓い、五穀豊穣と民の繁栄を祈祷する門外不出の舞いで、蔵で秘密裏に師匠から伝授され、演者は獅子の舞い手２人と笛の３人のみでその後は指導役になる。この舞いは撮影禁止であった。祭り祭列には猿田彦、武者、大鳥毛、小鳥毛、やっこ、笛、獅子、お多福、ヒョット、天狗、赤鬼、青鬼、神楽屋台と続く。武者は「下にー　下にー」と進み、大鳥毛は小鳥毛と「どっと行け　先のけ　これからお江戸へ何百里　えい３百里　晩の泊はどっこでしょ　大津か草津か石部でしょ」と東海道五十三次の名を折込みかけ合いながら進む。区長、社寺筆頭総代、両師匠の家では演技が披露される。曲目は「シャンギリ、カナシャンギリ、ニマクラ、本神楽」の４曲が伝承されている。

　小倉の福入れ（キツネ狩り）は１月８日(土)１６時３０分から小・中学生１０人と付き添いの大人３人で行われ、南川を挟んだ片内集落と小倉集落の４５軒ほどを回る。最初に苅田彦神社で参拝し、片内集落から小倉集落の順で巡回された。福入れ唄は「♪今年の年は　めでたい年で　門（かど）には門ぐら　背戸（せど）には背戸くら　中には不動の黄金（こがね）ぐら　もひとつかえして　ていねぐら　狐のすしは　ななおけやおけ　やおけにたらんとって　狐がえり　ヤーイヤイ」で、祝い棒は見当たらなかった。各家の玄関で子供達が元気に歌い福入れをする。各家では祝い袋を用意し子供代表が持つお盆に置かれた。戸祝いは日が良くない、と連絡のあった家を除いて行われ、最後は集会場で福入れを行い１９時頃に解散された。子供代表２人は集会場の別室に残り頂いた祝い袋を確認し、後日参加者に配られる。

小倉の松上げ

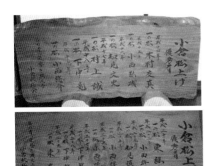

　小倉の松上げは８月２４日(土)朝から準備され南川の河川敷で２０時より行われた。当日の朝、区長と役員は集落北に鎮座される愛宕神社に参詣し、神前にお供えされたマッチ箱を集会所の床の間にお神酒と一緒に祀られた。横には歴代の一番松の氏名が書かれた木の盾が置かれている。「一番松に賞品等は無いが代々その名誉が語り継がれる」とお聞きした。松のジンを束ねた松明は子供会と老人会が担当し、河川敷のトロギは青年会が担当される。「松のジンは山仕事をされる方が年々減少し、探し出すのが困難になってきている」とお聞きした。杉の丸太で出来たトロギの高さは１５ｍ、じょうご型のモジは直径１ｍほどである。モジの中には稲藁と鉋屑、もみ殻と景気づけに花火を入れられ、最後に御幣を挿された。松明は愛宕神社参詣のマッチで火がつけられる。苅田彦神社境内の倉庫には３組の箱ロギが保管され、内１つは１段目が長さ９ｍ、２８ｃｍ角の大きさで平成３年８月の記名がある。松上げの河川敷には区民懇親の場が設けられている。

　　　　　　　　　　　　　　　2019年(R元年)撮影

小倉の秋祭り

　小倉の秋祭りは１０月３日㈰苅田彦神社大祭りに棒振り大太鼓が奉納された。神社は大同元年(806)創建の延喜式内社で、ご祭神に坂上苅田麻呂をお祀りし創建１２００年ほどの長い歴史を有しており、名称から五穀豊穣を願う神社である。南川上流の下の苅田比賣神社とは陰陽神である。祭りではお多福、ヒョットコ、オコベ(大首)、天狗、赤鬼、青鬼が出演し、随所で祭りの雰囲気を盛り上げている。大太鼓は児童から大人まで年齢にあった曲を打ち、大人は顔隠し(?)をされている。曲目は「ドンデンチャラチャン、ホテ打ち、ホテ打ち省略、シシカツギ、カナシャンギリ」の５曲が伝承されている。舟形山車は杉葉で周囲を覆われており、中に大太鼓を載せる。舞殿で天狗、お多福、ヒョットコによる寸劇がある。大祭りは５年毎に行われ棒振り大太鼓が奉納される。

　　　　　　　　　　　　　　　　2004年(H16年)撮影

堂本の土御門神道河臨祭

　堂本の河臨祭は「名田庄・星のフィエスタ」が毎年8月の盆頃に行われ、その中で催行されている神事である。河臨祭は河原で人形に災禍を移して川に流す行事で、名田庄納田終に鎮座される天社土御門神道本庁の庁長が祭祀を務められた。社には「天社宮」の表示があり、玄武神の黒、白虎神の白、朱雀神の赤、青龍神の青に囲まれた鳥居の中に設置され、南川に面して設営された。河臨祭は陰陽道の祀り事の一つで、願い事を人形に書き、その紙は櫃に入れられ、祈祷後に河原に運ばれ、櫃から祈願紙が取りだされ川に流された。前方の山には「五芒星」が浮かび上がり、河原では松上げが行われた。

2016年(H28年)撮影

久坂の狐がりと福入れ

福井県おおい町名田庄地区

　久坂の狐狩りは狐狩りと戸祝いの２つが１月１０日(日)１５時３０分より、保育園年中組から小学生の計１６名が参加して行われた。狐狩りは全員で狐狩り音頭を歌いながら集落を３周し、その後小学生が二手に分かれて走って各２周し合計７周された。狐狩りは音頭取りが「♪狐がえりしょうか」全員で「♪狐のすしは七桶に足らんとって狐がえり　ヤーイヤイヤイ」と囃しながら行われた。戸祝いは「福入れ」と呼ばれ、七福神にちなみ代表７人が山の神に参拝し、引率父兄の祝詞「かけまくも畏き山の神様の御前に申し上げます。年の始めにあたり村中の家々へ戸祝いに回りたいと存じます。この子供達に良い福をお授け下さいますように畏み畏み申し上げます」とお祈りされると、音頭取りが祝い棒を１つトンとつき「♪福入れましょう　今年初めて良い年　恵方(あきほう)より　恵比寿大国　福の神　千貫袋を背なにかけ（全員が祝い棒をつき始め歌う）まーずめでたい戸祝う　背戸には銭倉　門(かど)には金蔵(かねぐら)　中には不動の黄金(こがね)蔵　オイ　シッテイ　テーネ　ヤ　テーネグラ　オイ　モヒトツ　カエシテ　シッテ　テイテ」と歌い、各戸では「福もらいましょう」と最初の歌詞が変わり以下同様に歌われ、各戸は祝儀を子供達に渡された。祝い棒は目出度い絵が描かれた直径６㎝、長さ５０㎝ほどのユッダの木で、上端面には「天」下面は「玉」と書かれ、ドント焼きで燃やされる。各戸の福入れを２１時頃まで行われた。

2021年(R3年)撮影

久坂の復活松上げ

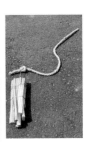

　久坂の松上げは１８年ぶりに復活され、平成３０年８月２５日(土)に第３回目が行われた。松上げのジン作りと台風で荒れた河原の整地は前週に行われた。モジは当日朝から鉄枠に葦簀を巻き、中に稲わらを入れられた。モジは柱に括り付けられその直径は１．２m高さは１４mほどになる。夕刻愛宕神社に子供達も一緒に参拝して、松明に火をもらい河原まで行列してその火を元火に松上げが行われた。久坂の松上げは南川の支流久田川に在した出合集落の松上げが元にある。集落は集団離村でこの地に移住し、愛宕神社も当地に合祀された。来村５年目から再び出合集落民で毎年松上げを２０年間実施されたがその後休止された。久坂の若者達が「街を盛り上げたい」との熱意で松上げを行う事になり、出合の人から指導を受け復活にこぎつけられた。河原で若者達の禊もあり、松上げが終わると子供達の花火大会が賑やかに行われた。

　　　　　　　　　　　　2018年(H30年)撮影

  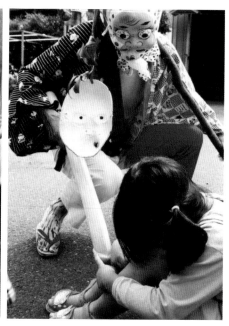

　久坂は名田庄地区の中心で、秋祭りは３年毎の１０月最初の日曜日に南川両岸に広がる各戸を巡行し、苅田彦神社と山神社に棒振り大太鼓が奉納され、広林寺で打ち納めをされた。曲目は「ドンデンチャラチャン、ドンデンドンカン、子供用ホテ、子供用棒クズシ、寄せ、棒太鼓、ホテ、棒クズシ、オコシ」の９曲が伝承され児童から大人まで年齢に応じた曲を打つ。お多福、チョロケン（ヒョットコ）、天狗が出演し、チョロケンは人々をからかっては祭り気分を盛り上げて賑やかである。チョロケンとお多福は２組出演されている。舞殿では大太鼓奉納のほかに、お多福、チョロケン、天狗による寸劇がある。苅田彦神社は歴史ある式内社で穀霊を祀るとされ、ご祭神は坂上苅田麻呂で、その后が下の苅田比賣神社のご祭神と伝わる。

虫鹿野の松上げ

　虫鹿野（むしがの）は南川の支流久田川沿いの集落で、松上げは8月24日（土）に行われた。午前8時頃に山にお祀りされている愛宕神社へ役員2人がお参りされ、お参りされたその火を提灯に移し、麓の地蔵堂まで持ち帰り、夜まで火の番をされ、その火で松上げは行われた。松明は松のジンを稲わらで結び、幾つかを合せて針金で束にされる。モジは竹を十字に組み竹で輪を組み合わせ、茅で外周を円錐形に作られて柱に直接結ばれた。丁寧できれいに作られている。中には稲藁を結んだ物のみ入れられ花火は見当たらない。集落の皇王神社境内には松上げの柱となる箱ロギを保管されているが、一本柱を使用されており15mほどの高さがある。モジが完成し柱に取り付けられるとお神酒を掛けられた。河原は台風や大水の度に荒れて、その都度重機で整備されている。箱ロギの頃は「モジに火が付くと高さを上下に動かした」とお聞きした。

2012年（H24年）撮影

兵瀬の松上げ

　兵瀬（ひょうぜ）の松上げは８月２０日（土）に南川の河川敷で行われた。松上げの柱（トロギ）は子供用と大人用の２本立てられた。子供用トロギは杉の丸太であるが、大人用のトロギには箱ロギを使用されている。その仕組みは四角い外柱の中に上下する芯柱を入れ、ロープを引っ張る事により芯柱が高くなる仕組みになっている。トロギに杉の丸太が多いが、箱ロギを使用されているのは近くの尾之内集落と２集落のみで貴重である。松明は各家で作り持ち寄った習慣から、手に持つ部分にフジの皮を使用されたもの等仕様はさまざまであったが、現在は集まって作られているので縄を使用した仕様である。少子化の影響でそれまで２本のトロギは、平成二十七年度(2015)は大人用のみの１本であった。また、小倉や虫鹿野、堂本は松上げ用の箱ロギを保管されているが使用されていない。

　　　　　　　　　　　2011年(H23年)撮影

三重の株講

・田中株のお講

・山本株のお講

堤株祠

嶋田・岡田株祠

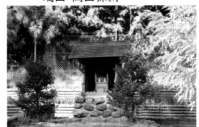

早川株

林株祠

中塚株祠

新屋株祠

　名田庄三重の株講は早川株・山本株・吉田株・林株・島田株・宮前株・岡田株・田中株・中塚株・新屋株・堤株の１１株あると村誌にあり「地の神講」とも呼ばれる。祭日は１１月２３日でそれに近い日に講は行われ、地の神祠に参拝し、直会が行われる。参拝は全員揃って行われる講や三々五々に行われる講もある。それぞれの株には祠が祀られ傍にエノミ等の拝み木がある。「田中株の祠の棟札は享保十三年(1728)に再建した時のものらしい」と村誌にあり古くから行われていた。構成員は異姓が含まれた講もあり、直会宿は輪番頭屋制で行われ、床の間にはその掛け軸が掛けられる。講員が多い講では集会場で行われる。不幸が発生の時はその家は参加されず、講員数が少ない講では行われない時もある。田中株では祠に赤飯と塩をされ、床の間にその掛け軸をかけ、お供えはお神酒、塩、鯛、赤飯で、直会の中では五重の盃や焼き鯖が廻り謡がある。最近の料理はパック料理であるが以前は作るのが大変だったらしい。明治の株講日記帳を保管されている講もある。

2018年(H30年)撮影

・京都愛宕神社代参

尾之内の愛宕神社代参と松上げ

山上から京都市内遠望

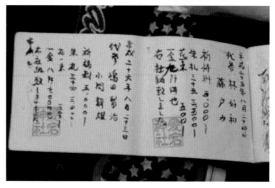

　尾之内の松上げは京都愛宕神社本社への代参から始まる。代参は８月２３日(土)松上げ当日２名の役員が早朝に車で周山街道(国道162号線)を右京区清滝口まで行かれ、徒歩で片道２時間ほどかけて参拝され、ご祈祷のお札と樒を持ち帰り、どちらも各家庭に配布された。その後、モジや松明を作成し１７時頃山中に鎮座される愛宕神社登り口で性山寺住職の法要があり、その火を提灯に移し山中の愛宕神社へお参りされ、持ち帰った提灯の火を元火に松上げが始まった。「３４年ほど前までは神社境内(今もその跡が残る)で子供達が松上げをしていた」とお聞きしたが、防火から麓の弥勒堂横の広場で大人用と２つの松上げが行われるようになった。現在は少子化(20年前までは9月1日に子供の松上げ実施)で、大人用だけが８月２４日に近い土曜日に行われている。箱ロギ使用は特徴がある。「代参は自家用車が未発達の時は２日がかりであった」とお聞きした。

2014年(H26年)撮影

・集落の松上げ

境内の松上げ跡

2014年(H26年)撮影

深野の復活秋祭り

　深野の秋祭りは１０月６日（土）苅田姫神社へ神楽太鼓を２０年ぶりに復活奉納された。神社は承元三年(1209)創建でご祭神は苅田姫神（淳仁天皇の后）で、応永二十四年(1417) ９月武運長久、子孫繁栄、万民快楽、五穀成就のため猿楽を催した（『中名田郷土誌』より抜粋）とある。「神楽を復活し活気溢れる村にしたい」と若者からの発起発案で３年計画をたて準備を進められた。「神楽太鼓の用具が幸い保管されていた事、経験された方が健在である事、小浜鹿島区（伝授元）の協力を得られた事等から、笛や太鼓の練習を子供達も巻き込み、練習を積み重ねて催行にこぎつけた」とお聞きした。神楽の曲目は「ホテ、カグラ、カケアイ、カラコ、ツシマ、セメ、アゲバイ」の７曲である。お多福、ヒョットコ、天狗、赤鬼、青鬼も出演し、随所で祭りを盛り上げ賑やかにされている。平成二十七年(2015)は観世音菩薩の御開帳があり、その折も神楽を披露された。

岩井谷の秋まつり

福井県小浜市中名田地区上田

　岩井谷の熊野神社(権現堂)大祭は１０月１５日(日)に行われた。毎年１０月１７日以前の休日に行われている。神社は延暦十七年(798)坂上田村麻呂によって創建され、多古木山長田寺(通称：田村薬師)の奥ノ院になる。神社は集落から２kmほど山を登った所に鎮座され、社が大きな岩に入り込む形で建立されている。岩の大きさは高さ２０mほどあり、そびえ立つ威圧感は迫力満点である。社の外にも畳が敷かれ女性達が座している。社は総檜作りで本殿の扉は一枚板で作られている。三方の上のお供えは鯛２匹、昆布、スルメ、大根、白米、リンゴ、栗、お菓子、重ね餅等である。２匹の鯛は腹合わせにし子孫繁栄を願われ、三方は継ぎ目のある方を手前に置かれた。社の前には幹回り１．５mほどの栃の大木がそびえ、山深い所での神事は厳かである。熊野神社は神仏混淆で、近くに飯盛山峠を越え加斗の若狭観音霊場２３番札所飯盛寺へ抜ける古道がある。

　　　　　　　　　　　　　　　2006年(H18年)撮影

上田の作り初め

・上田の作り初め （2008年(H20年)撮影）

稲穂付き藁包みの中に金石

金石

・小浜市内の作り初め （2018～2021年(H30～R3年)撮影）

小浜市門前の明通寺での御祈祷と祈祷札、作り初め　　小浜市根来祈祷札

小浜市犬熊の作り初め　　　　　　　　　小浜市仏谷の作り初め　　金石

　上田の作り初めは1月11日(金)の早朝に家の畑で東に向かって行われた。稲穂の付いた稲藁に金石と呼ばれる石が包まれたものと枝付きユズリ葉(榊)を添えて、備中鍬で穴を掘りその中に半分ほど埋められた。その後、東の日の出に合掌して五穀豊穣を祈られた。儀式にお供えや牛玉寶印の護符は見当らなかった。作り初め当日の朝食に御馳走である麹味噌の雑煮を作られ召し上がれた。お相伴させて頂いたが麹の甘さを感じる美味な雑煮であった。下田でも畑に同様の形式で行われていたが、地区内で実施される軒数は少なくなって来ている。

　小浜市内でも作り初めは1月11日に行われており、その年の恵方の田んぼで恵方に向かって祈願されたり、家近くの田畑で東や南に向かって祈願されたり各家で異なる。集落により「牛玉寶印」の護符やお供えに特徴があり、お供えは一升桝にお米を入れて一掴みを3回田んぼに撒かれたり、塩をされたり、餅や赤飯・鰯の神饌や、金石をされる所もある。

松上げは８月２３日の地蔵盆に行われるが、平日の時は２３日前の土曜日に行われている。拝見した年は８月２２日(土)に行われた。そのご利益は愛宕信仰の火伏せである。上田集落では岩井谷・見谷、小村、持田の４つの字が３つのグループに分かれて行われ、直線距離で0.8kmの間に３ヶ所で松上げが行われていた。昭和２９年から上田として行われるようになり、それを機に子供・熟年者用と大人用の２本のトロギを立てられるようになった。高さは１０mと１５mで松明受けのモジの直径も子供・熟年者用は大きい。橋そばの大人用トロギはクレーン車を利用されたが、子供・熟年者用は人力でトロギを立てられた。「一番松」には栄誉の表彰があり賞品が贈られた。松上げ終了後に盆踊りが始まり、串焼きやうどん、かやくご飯等の屋台が店開きされ賑やかである。上田には愛宕神社が鎮座され、京都愛宕神社への代参も行われ、愛宕講も行われている。この日は下流の下田集落でも３ヶ所で松上げが行われている。

2006年(H18年)撮影

上田のおかわ

　上田の行者講は地元では「おかわ」と呼ばれ8月19日（日）に行われた。大峯山で修業された住民が、田村川に褌姿で入水し、不動明王の御真言を3回唱えて身を清められた。結界の注連縄には「不動明王」の掛け軸と御唱文（「大日大聖不動明王」「役行者神□大菩薩」と記されている）が吊るされている。その後、小村城址入口に移動され、入口の灯籠に火を灯し、「般若心経」を3回唱えられた後、「*六根清浄！*」「*懺悔！懺悔！*」と、唱えながら急な坂道を登り、集落の人々が先に待つ小村城址山頂のお堂に到着し、曹洞宗長泉寺の僧侶により法要が始まった。城址山頂のお堂は奈良県吉野の大峯山に繋がる分社で「役行者尊」と「愛宕神社」を祀られる。「六根清浄」は行者が唱える言葉で、福徳によって清らかになる事で、「六感」とは六識を生ずる6つの感覚「眼、耳、鼻、舌、身、意」（広辞苑より要約）を指す。不動明王の御真言は「ノウマクサンマダ－　バザラダン　センダ　マカショラダ　ソワタヤ　ウンタラタ　カンマン」である。

　　　　　　　　　　　　　　　　　2007年（H19年）撮影

田村薬師の御開帳

　曹洞宗多古木山長田寺は平成二十七年(2015) ９月２３日(水)に薬師如来像が御開帳された。 脇立に日光・月光菩薩と十二神将を祀る。 この寺院は「田村薬師」とも呼ばれ、その謂れは「平安時代の武将坂上田村麻呂の護願内供延鎮上人が延暦十五年(796)に創建した事に始まり、田村麻呂の家臣高階行宗がこの地を司った。岩井谷の熊野権現は田村麻呂の勧請による」(『中名田郷土誌』要約)とあり、田村麻呂と関係が深い。御開帳では稚児行列や地元ご婦人達のお念仏、上田と下田の両集落がそれぞれの神楽太鼓を奉納され、両区のお多福・ヒョットコ・天狗・赤鬼・青鬼が勢揃いされた。 また、境内の丘には西国三十三ヶ所の石仏が数メートル毎にお祀りされている。 寺院の前の川は田村川、この里は田村郷、採れたお米は田村米と呼ばれる。

上田の秋祭り

　上田の秋祭りは９月３０日(日)に行われ、加茂神社へ神楽太鼓を奉納された。神楽屋台には腹合わせで二匹の鯛と丸めた昆布、一升瓶に吊るされた２匹のスルメがお供えされている。神楽太鼓の曲目は「ホテ、シャンギリ、ドロ、カグラ、ミチウチ、セメ、ヤマオコシ」の７曲が伝承されており、１人打ちや３人打ちがある。神楽太鼓は岩井谷の熊野神社(参道入り口)や四社神社にも奉納された。浦安の舞は午前と午後に加茂神社で奉納され、五歳児の成長祈願神事もされた。天狗、お多福、チョロケン、ヤセ(赤鬼、青鬼)が出演し、加茂神社舞殿では天狗・お多福・チョロケンの３役による太鼓奉納もされた。舟山車も巡行されている。前日に上田、下田、和多田の氏子３集落をヤセと３役が厄払いに回り、その時に厄払いで家の通り抜けを依頼される風習も残る。集落には住民だけで文化財保護活動をしている団体がある。

　2006年(H18年)撮影

田村薬師の七五三詣り

　多古木山長田寺は通称「田村薬師」と呼ばれ、通称名の方がよく通じる寺院である。その名称の謂れは平安時代の武将坂上田村麻呂と深い関係があり、その内容は『中名田郷土誌』に詳しい。地域の「七五三」神事は下田に鎮座される加茂神社の秋祭りに神社で行われ、その後、上田・下田の5才児とご父兄は田村薬師へ移動して、寺院でも節目のお祈りをされている。住職はお祈りの後、七五三の千歳飴を一人ひとりに渡された。田村薬師は上田と下田でお祀りされており、秋祭りでは寺院にも神輿や神楽太鼓が奉納される。御本尊は薬師如来で、脇立には日光菩薩や月光菩薩、十二神将を祀られており、天正の頃より十七年毎に御開帳され次回は平成二十七年である。

　　　　　　　　　　　　　　　　　　　　　　　　　2006年(H18年)撮影

竹本・清水の松上げ

福井県小浜市中名田地区下田

橋そばの石碑

春の河川敷

松明

　竹本・清水の松上げは8月28日(土)11時より準備が行われた。例年お盆過ぎの土曜日に行われ、場所は中名田小学校近くの薬師橋そばである。モジは毎年作られトロギの杉柱は薬師橋の下に保管されている。近くには平安時代の武将坂上田村麻呂にゆかりの田村薬師があり、御本尊の薬師如来像は17年毎に御開帳され、神楽が奉納されている。春の河川敷は菜の花や桜が咲き誇る。また、橋そばには「南無阿弥陀仏」と陰刻された天保十四年(1843)の石碑がお祀りされている。トロギは少年・熟年者用と青・壮年用の2本が立てられた。松明を投げ上げる度に「もっと右！・もっと左！」と観客からヤジが飛ぶ。中にはとんでもない方向に松明が投げられる松明もある。「一番松」の人は表彰され賞品が贈られた。

2004年(H16年)撮影

下田の愛宕祭り

　愛宕神社は小高い愛宕山にあり、高い所から集落を見守られている。愛宕神社の火祭りは毎年7月に行われ、父兄が境内に井型の形状に櫓を組み火を付けてお祈り後に、小学生達が持つ松明に火を移して、その松明をグルグル回転させながら境内から参道入口まで約400mを往復された。松明は乾燥した茅束で直径15cm、長さは小学生の背丈ほどである。松明は手で持つのではなく、茅束をグルグル回転できる位置に竹を突き刺し、その竹を持ち火をつけた松明を回転させる方式は特徴ある。往復の道中に掛け声はなかった。愛宕神社は「火の神様」として崇められており、総本社は京都高雄愛宕山にあり、大宝年間(701〜704)に修験道の役小角や白山開祖の秦澄により創建され全国に900社が鎮座される。本地仏は白馬(猪)に跨る勝軍地蔵で、武将の尊崇が篤かった。集落の愛宕神社火祭りはこの行事の他に田村川河川敷で松上げが行われている。

2005年(H17年)撮影

下田の愛宕神社御開帳

　下田の愛宕神社御開帳は平成十九年7月に行われ、神社は13年毎に御開帳があり、本殿で祭祀が行われ境内で神楽太鼓が奉納された。神楽太鼓は「山起し・カナシャンギリ・シャクシマイ・ホテ・カグラ・ミチウチ・ウチコミ・攻め」を奉納された。参道は舗装されているが、神楽屋台を愛宕山の本殿まで急坂を運ぶには労力を要する。「神社は参道入口の石塔に宝暦三年(1753)愛宕山大権現創祀と記され、何度も火災に遭い茅葺屋根から瓦葺きに変えられ、秋葉大神と金毘羅大神を勧請された」と郷土誌にある。秋葉大神は静岡県に鎮座され「火乃迦具土神」を祀られ、愛宕神社と共に火伏せの神様で、金刀比羅大神は航海の神様として船乗の尊崇が篤い。本殿前の狛犬は地元出身の江戸時代北前船主・百足屋甚兵衛により奉納され、更に江戸時代後期の豪商で北前船11隻を有した木綿屋(志水源兵衛)奉納の金毘羅さんの石柱もある。

　　　　　　　　　　　　　　　　　　　　　2007年(H19年)撮影

岸のキツネガリ

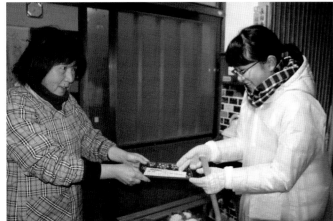

　岸のキツネガリは1月13日(日)の18時から保育園の年長組から小学生によって行われた。下田農事センターを出発した一行は、曹洞宗最勝寺の参道入り口で「うおー」と一斉に大きな声で叫び、その後、集落の各家を不幸の家は除き順に祝い棒で玄関の犬走りや玄関に準備された板を叩き、祝い唄を歌い回られた。その「キツネガリ」の歌詞は「♪とうねんの　といわいましょう　せどにはせーどくら　かどにはかーどくら　なかにはふどうのたからぐら　すってんてーんといわいましょう　もひとついおぅーて　すってんてん」である。祝い棒の材質はコウゾで、長さ80㎝、太さ3㎝ほどで絵は描かれていない。「この祝い棒は次の年も使用する。以前は近くの2つの集落でも行われていたが諸般の事情で中止されている」とお聞きした。各家から頂いた寸志は後日参加者に分配される。

　　　　　　　　　　　　　　　　　　　　　2019年(H31年)撮影

岸の松上げ

福井県小浜市中名田地区下田

　岸の松上げは８月２５日(土)１１時より準備が行われた。下田橋の下部に保管されていた杉柱のトロギやモジの鉄枠が取り出され、トロギ先端にモジが取り付けられた。モジには初めに延焼防止用に生草を入れ、次に稲藁を結んだ物(トンボと呼ばれる)を入れ、景気づけに花火を入れ、最後に御幣が挿され、トロギは人力で立てられた。松明は松のジンで別の場所で作られている。トロギは１５ｍほどの高さがあり、モジに最初に松明を投げ入れた人には「一番松」の表彰があり、金一封が贈られた。モジに火が付くと花火が弾け夜空にきれいであるが、モジが燃え落ちる姿もきれいである。松上げ近くにテントが張られバーベキューが準備され慰労会が行われた。この日は田村川上流の上田から下流まで４ヶ所で松上げが行われている。

　　　　　　　　　　2012年(H24年)撮影

山左近・脇原の松上げ

福井県小浜市中名田地区下田

　山左近・脇原の松上げは8月24日(土)13時より脇原橋のそばで準備が行われた。橋下部に保管されていた杉柱やモジの鉄枠が取り出された。杉柱先端にモジの鉄枠が取り付けられ、柱と接する部分には延焼防止の生の草が入れられ、稲藁を結んだトンボが枠の中に入れられた。モジには花火も入れられ、最後に御幣が挿された。柱は15mほどの高さがあり、松明は松のジンで別の場所で作られている。松上げ時刻になると集落の人々は橋近くに集まって来られて、松明の上がり具合に「惜しい！」とか「コースはいいぞ！」等の声援が飛ぶ。モジに火が付くと橋の上で人々の懇親が始まる。この日は田村川の2kmほどの間で4ヶ所で愛宕信仰の松上げが行われてる。川下の大原・上和多田の松上げは二百十日に行われる。

2013年(H25年)撮影

脇原のお日待講

　脇原のお日待講は2月11日(金)10時より集会場で行われた。コロナウィルス感染防止のため、略式で時間も変えて曹洞宗最勝寺ご住職と代表一人で行われた。床の間には「天照皇大神」と「お釈迦様」の掛け軸、2つの木札がお祀りされている。木札中央に「真読大般若理趣分経」と記され、右側に「日天子・家内安全」、左側に「月天子・無病息災」と書かれ、他方の木札には右側に「日天子・家業繁栄」、左側に「月天子・村内安全」と書かれている。ご住職は般若心経に続き2種類の般若理趣分経で祈禱され、出席者と窓を開けて田んぼにも祈禱された。2つの祈禱された木札は行事後に村境の2ヶ所にお祀りされる。例年は講員全員が参加して18時～23時頃まで行われる。集会場が出来るまでは当番宿に布団を持込み、式後に当番宿が準備した料理を食し懇親を深め、丁稚羊羹で口直しをし、翌朝の「日の出」を拝した。昭和61年(1986)発行の『中名田郷土誌』には「お日待講は地域内ほとんどの集落で行われており、その目的はお天道(太陽)さんの恵みに感謝し、講中みんなが集まって幸運を祈念し、これを通してお互いに親睦を深めるという行事である。当日は当番が新しい御祈禱の木札2枚とお供えに一盛のすり餅(今はお菓子)を準備し、夕刻に講中全員が当番家に集まり、準備された木札に無病息災、家内安全、五穀豊穣、悪疫退散等の祈禱文を書いて頂き、その前に集まりお天道さまに感謝し、翌朝の日の出を迎え合掌して祈りを捧げ解散となる。脇原ではその昔は米や小豆、粟を運び込み、自炊して食事を楽しんだ」とある。(抜粋要約)

　　　　　　　　2022年(R4年)撮影

下田の秋祭り

　下田の秋祭りは９月２６日(日)に行われ加茂神社へ神楽太鼓を奉納された。神社は延暦十五年(796)坂上田村麻呂が京の上賀茂神社より勧請された社で１２００年余の歴史がある。氏子３集落は当番年に民俗芸能を奉納される。下田は神楽太鼓を奉納され、畳１枚ほどのゴザの上で３人が順に太鼓を打ち、和太鼓や鉦、笛が伴奏されている。「カグラ・ホテ・カナシャン・ギリ・シャクシマイ・山起し・ミチウチ・ウチコミ・セメ」を奉納された。浦安の舞は午前と午後奉納され、子供神輿も宮入りされた。この地域では厄払いの「通り抜け」の風習がある。通り抜けは赤鬼が座敷から土足のままで家に入り、竹製のジャランコを左右に振りながら玄関へ抜け、家中を祓い清める行為で、新築や病人等が出た時に家から厄や災いを追いだす行為である。古老から「この役は祭り１週間前から沐浴し身を清浄にした」とお聞きした。祭りでは赤鬼、青鬼は祭列の先頭をジャランコを左右に振りながら道を清めて歩く。舞殿では天狗・お多福・ヒョットコの寸劇があった。

　　　　　　　　　　　　　　　2004年(H16年)撮影

　塩瀬の松上げは９月３日(日)１３時より稲荷神社横の広場で準備が始まった。松上げは五穀豊穣を願い二百十日頃に来襲する事が多い台風で、稲や田畑が水没等の被害を受けないように願って行われる。昨年までは幾つかの稲藁束を積み御幣を立てて、宮司の祭祀のもとに燃やされていたが、若者達の復活の熱意に住民が動かされて、経験者達の指導のもと１１年ぶりに復活された。松明の紐はフジツルの皮を撚り合わせて作られ、モジは木枠で外側に３本の竹の輪を作りジョウゴ型に形状を整え、結んだ稲藁を中に入れ外側をゴザで巻かれた。完成すると区長が代表で稲荷神社にお参りし、お下がりの御神酒をモジや柱に注いで立てられた。区民が見守る中で行われ、一番松は表彰され、区民は広場にシートを広げて懇親された。

2017年(H29年)撮影

　大原・上和多田の松上げは和多田橋そばで、９月１日(土)１３時より準備が始まり１２年ぶりに復活して行われた。ご利益は五穀豊穣で二百十日頃に来襲する事が多い台風から、農作物被害を受けないように願って、その日に近い日を選んで行われた。モジは４ｍほどの長さの竹を縦に二分割しそれを４本で外枠とし、その外側の竹の輪でジョウゴ型に形を整え柱に結ばれた。モジと接する柱の先端は延焼防止に生草が詰められいる。氏神さんに祈願しお下がりの御神酒をモジや柱に注がれ、３方向からロープが結ばれた柱はバランスを取りながら垂直に人力で立てられた。松上げは子供達も参加して行われ、橋の上からヤンヤの声援があり、一番松は表彰された。橋の上にはゴザが敷かれ燃えるモジを見ながら区民が懇親された。

和多田の六斎念仏

　和多田の六斎念仏は地蔵堂で８月２３日の地蔵盆に奉納された。初めに真言宗谷田寺のご住職による法要があり、その後に披露された。集落では古老の口伝や什器から明暦年間(1655〜1657)以前から伝授された六斎念仏とされ、安永九年(1780)の鉦を保管されている。(『中名田郷土誌』より抜粋)舞い手は青壮年３人で鉦と笛の伴奏で舞われた。「所要時間は４０分(郷土誌には９０分)ほどであるが２０分ほどに短縮している。舞いは『大人舞い』と呼ばれ、曲名は『杓子舞・神楽・米つき・もじりばい・ふるばい・月さん念仏太鼓・後念仏』である」とお聞きした。杓子舞と神楽には笛も演奏される。六斎念仏は平安時代に始まり、六斎日(8、14、15、23、29、30日)は人命を損ない病気などの不幸になる不吉な日で身辺をきれいに慎む日とされ、この日に唱える念仏を六斎念仏と呼ばれた。六斎念仏は干菜山系と空也堂系があり、空也堂系は踊りのある六斎念仏である。

和多田の地蔵尊御開帳

福井県小浜市中名田地区

　和多田の地蔵尊御開帳は１３年毎に行われ、平成二十年１０月１１日(土)に行われた。地蔵堂は境内石碑に彫られた由緒によると、奈良時代養老六年(722)に創建されたとあり、貞享元年(1684)以降周期的に御開帳されてきた。真言宗谷田寺のご住職らにより護摩木供養等の法要が執り行われた。地蔵菩薩の右手に結ばれた５色の紐は、堂内で赤い布に結ばれ、境内の塔婆で白い晒しに結ばれ、その先は集落内へ続き集落はご利益に包まれた。晒しは各家から奉仕され、御開帳後に戻される。この晒しは家族や縁者のご婦人がお目出度の時に腹帯として巻かれる。焚かれた護摩木の灰は半紙に包まれて各家庭に配られ、仏壇の線香立てに足される。当日は稚児行列があり、棒振り大太鼓が奉納された。地蔵尊は「延命地蔵さん」と呼ばれ、穏やかなその表情は住民に敬われている。地蔵堂は春は桜、秋は紅葉がきれいである。

2008年(H20年)撮影

　和多田の秋祭りは９月２８日(日)に行われ、加茂神社へ棒振り大太鼓と保育園児の神輿が宮入し浦安の舞が奉納された。和多田は上和多田と下和多田に分かれ上地区の棒振りは武術の薙刀を、下地区は槍術を模して行われる。上地区の演技には上地区が演奏を、下地区も同様である。大太鼓の曲目も各々独自の曲を持つが「ミコノマイ、シャクシマイ、ボウクズシ、ドンデンチャラチャン、ドンデンドンカン、ホテ、道打ちの渡り、棒太鼓の渡り」の計８曲が伝承されている。「昔は上地区と下地区それぞれに鉾笠や太鼓屋台があり２組が奉納されていた。 上地区の鉾笠外箱には嘉永七年(1854)と記されている」と『中名田郷土誌』にある。 神社では五才児の成長祈願神事があり、舞殿では天狗、お多福、ヒョットコの寸劇があった。

深谷の宮講

両端に鯛

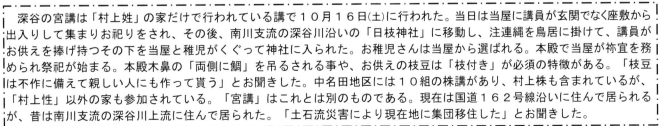

　深谷の宮講は「村上姓」の家だけで行われている講で１０月１６日(土)に行われた。当日は当屋に講員が玄関でなく座敷から出入りして集まりお祀りをされ、その後、南川支流の深谷川沿いの「日枝神社」に移動し、注連縄を鳥居に掛けて、講員がお供えを捧げ持つその下を当屋と稚児がくぐって神社に入られた。お稚児さんは当屋から選ばれる。本殿で当屋が祢宜を務められ祭祀が始まる。本殿木鼻の「両側に鯛」を吊るされる事や、お供えの枝豆は「枝付き」が必須の特徴がある。「枝豆は不作に備えて親しい人にも作って貰う」とお聞きした。中名田地区には１０組の株講があり、村上株も含まれているが、「村上性」以外の家も参加されている。「宮講」はこれとは別のものである。現在は国道１６２号線沿いに住んで居られるが、昔は南川支流の深谷川上流に住んで居られた。「土石流災害により現在地に集団移住した」とお聞きした。

2010年(H22年)撮影

深谷の七年祭り

　深谷の大祭りは平成13年10月6・7日に行われ、氏神様の日枝神社へ棒振り大太鼓を奉納された。大祭りは巳年と亥年の7年毎に行われる。奉納される曲目は「ドンデンチャラチャン、ドンデンドンカン、ボウクズシ、ホテ、タグリ、ナギナタ、シシカズキ」の7曲が伝承されている。「区内の古老によると嘉永六年(1853)ころ、若者3人が丹波、丹後の国へ勇壮に打ち鳴らす太鼓の音を求めて旅立ち、素晴らしい大太鼓の技や曲を持ち帰った芸能」(中名田郷土誌より)と言われている。祭りにはお多福、ヒョトコ、天狗、オコベ(大首)、ヤセ(赤鬼、青鬼)の役者も出演する。ヤセは道を清めて先頭を歩き、お多福、ヒョットコ、大首はそれぞれの持ち物で滑稽に大太鼓を打つ。舞殿では浦安の舞が奉納された。祭りでは赤鬼に「通り抜け」を依頼される家がある。神社は承元三年(1209)創建で大山咋神をご祭神に南川支流の深谷川沿いに鎮座される。

中名田の株講

①西本・東・橋本株講

②村上株講

③大岸・坂下株講

　中名田地区には１０の「株講」が組織され、毎年１１月２３日の朝各祠に集合参拝される。株講は寛文三年(1663)の宮年貢帳に記載されており長い歴史がある（『中名田郷土誌』）。各株の名称はそれぞれの苗字が付けられており、一般的に「地の神講」とも呼ばれる。講では家内安全や弥栄(いやさか)の感謝をされる。当番宿では「地祖神」の掛軸を掛けて直会に備える。「直会は簡素化されたが２０年ほど前までは夜中まで続き、一の膳、二の膳があり、大きな鯛の焼物を各自が順に取り分け、四海波・羅生門等の謡いがあり、最後は千秋楽で締め、宿には盃を渡した。料理にはのっぺい、白和え、ヌタ等があり『のっぺい』はジャガイモ、干瓢、高野豆腐、人参、大根、竹輪をサイコロ切りにし、銀杏、花麩を加えて味付けし、溶き片栗粉を入れた郷土料理で(祝い事には蒲鉾を入れた)、牡丹餅は講員も持ち寄りお供えした」とお聞きした。

　小浜市中名田地区では茅生産が行われており、文化庁より平成二十三年(2011)に「ふるさと文化財の森」として地区の茅場が認定された。茅場は南川支流の田村川流域や京都市へ通じる周山街道沿いにある。茅は中山間部に位置する地区に自生し、その振興策として「茅活用で村興し！」という住民の熱意から始まり、平成十三年には国指定名勝・萬徳寺庭園の書院屋根葺き替え材料に採用された。茅はススキと呼ばれる植物で、その茅刈りは初冬に行われ、野良に三角錐にツトを立て、一冬自然乾燥させ、春に取り入れるが、野良に立つその景色は冬の風物詩で日本の原風景になっている。茅刈り作業の昼食に地元で獲れた猪をシシ汁にする事も有り、元茅葺き職人を含め、ボランティアの人達とも和気あいあいに作業が行われている。茅生産の事務所は「ふるさと文化財の森」の看板建物内にあり小浜市深野に在する。

奥窪谷の天道花

福井県小浜市口名田地区相生

　「天道花」は竿の先に準備した花を結び、５月７日の早朝「日の出前」に家の庭に立てられて、翌々日の９日朝までお供えされる。お釈迦様は卯月八日(4月8日)に誕生されたが、若狭地方は雪が降る厳しい気候のため、お供えする花がまだ咲いておらず、１ヶ月遅れで行われている。花は「ヤマブキ、フジ、ツツジ、ヘンダラ、楤、茅、エミシダ」の７種である。この集落では天道花はお墓にもお供えされる。「５０年ほど前には京都府舞鶴市松尾寺(西国二十九番札所)へお参りしたがＪＲ区間以外は全て徒歩の日帰りだった。１９才の頃は歩くのが当たりまえで、今思うとよく歩いたものだ。私の祖母は７日にお参りし、お籠りをして８日に帰ってきた」と年配の女性から昔を振り返りお話をお聞きしたが、徒歩区間が往復３１kmある。この日に各家では柏餅を作り、仏さんにお供えされる。天道花を降ろされる日は家により差がある。

2016年(H28年)撮影

窪谷の松上げ

　松上げは８月２２日(土)に南川河川敷で行われた。松上げ前に地蔵堂へ男児と大人が集まり、男児が中央に座り、先導して般若心経を唱えられた。その後、大人達は子供達の羨ましそうな目を気にしながら、お下がりのお神酒を廻し飲み、河川敷へ向かわれた。松上げは五穀豊穣、村内安穏、火伏せを祈って行われ、モジの先端には長さ１ｍ、幅８０ｃｍほどの稲藁製「カラス」が、口に稲藁製の団子をくわえて、北西を向いて付けられており、「カラスがモジと一緒にきれいに燃え落ちると今年は豊作で、集落の疫病や災難も一緒に持ち去ると言われている。山の上には愛宕さんをお祀りしていた跡がある」とお聞きした。カラスは豊作祈願の「烏勧請」に繋がっている。烏勧請とは神社等にお供えした餅を、烏が出現し食べるか否かでその年の豊作の吉凶を占う行事をいう。モジの上のカラスは特徴があり、流域では他に見られなかった。

奥窪谷の六斎念仏

福井県小浜市口名田地区相生

　奥窪谷の六斎念仏は、一(いち)六斎、二(に)六斎、三(み)六斎があり念仏講で演じられる。1月16日は仏法始めで当番宿で「南無阿弥陀仏」の掛軸を床の間に掛けて行われる。掛軸は決まった順に当番宿へ送られ、以降10月まで毎月14日に念仏講の宿で演じられる。8月13日は「みたままつり」と呼ばれ各家でも演じられる。また、観音様の御縁日の二百二十日に近い9月の日曜日に観音堂でも行われ、当日は13時から飯盛寺住職による大般若経法要があり、14時頃から子供語り部による六斎念仏の紹介の後、一六斎は小学生の男女が、二六斎は青年が、三六斎はオカメ、ヒョットコ、天狗の仮面を被った青年がいずれも3人一組で演じられた。三六斎は滑稽である。奉納後、お供えの鏡餅は切られて観音堂で直会が行われた。「六斎念仏は宝永三年(1706)当時から継承されていた。交通不便の頃は、青年3人が大般若経六百巻を観音堂裏の山を越えて飯盛寺から背負って運んだ」と郷土誌にある。お多福、ヒョットコ、天狗の出演と笛伴奏の六斎念仏は特徴がある。

2012～2016年(H24～28年)撮影

滝谷の松上げは８月２５日(土)に行われた。例年８月下旬の土曜日に行われる。当日は午前中にモジ作成等の準備をされ、２０時から集落の男衆が天満宮の社務所に集まり、蒲鉾を肴にお神酒を頂き謡が始まった。一段落すると神社に参拝し、伊勢音頭を唄いながら河原の松上げ場所へ向かわれた。その装束は浴衣に下駄履きで松明を肩にする。「松上げは、家内安全と無病息災を祈る行事である」とお聞きした。鉄製トロギは２２ｍの高さがあり、モジには中央と周囲２ヶ所に十字形のものが３つと２本の棒状のものが取りつけられている。これらは「投げた松明が引っかかり易くするためのもので形状から想像する深い意味はない」とお聞きした。一般的に松明がモジに入らない時は、日を跨いでも行われるが、この集落では一定の時間を過ぎるとモジに火が強制点火される。「以前は対岸の須縄集落の大光寺裏山にある愛宕神社境内で滝谷集落と一緒にしていた」と古老からお聞きした。装束や伊勢音頭を歌いながら神社から河原迄下りられるのは特徴がある。

奥田縄の永福庵開山忌

小浜市太興寺栄松寺の元永福庵山門

小浜市上野の面山碑法要

奥田縄の永福庵開山忌は９月１７日(木)に行われた。永福庵は曹洞宗中興の祖と言われる「面山禅師」が住まわれ研修された住居で、小浜市上野から明治九年(1876)当地に移築された。「面山禅師は天和三年(1683)肥後(熊本県)に生まれ、母親を早くに無くし母を弔うために仏門に入り諸国を行脚修行された。享保十四年(1729)若狭小浜藩主酒井忠音に招かれて酒井家の菩提寺空印寺の１４世住職となり、寛保元年(1741)上野に永福庵を建て隠居された。　禅師が中興の祖と言われるのは、道元禅師の研究を重ねその真髄である思想や規律、行動等を千巻以上の書物にまとめられた事で、その書物は曹洞宗本山永平寺に面山禅師文庫として現在も保管されている」(小浜市人の駅より抜粋要約)とある。境内には分骨された墓が祀られている。例年開山忌には全国から６０人ほどの僧侶で盛大に行われるが、コロナウィルスの全国的拡散で令和２年は近隣の僧侶１６人で行われた。「以前は本堂に入れきれずに境内に多数の筵をひいて法要後の直会が行われた」と住民からお聞きした。平成三十年には２５０回大遠忌法要が盛大に行われた。元住居跡の小浜市上野には面山碑が建立されており、毎年４月１７日に宗派を超えて地域内外の僧侶と住民が参集されて法要が行われており、市立松永小学校の校歌にも面山禅師は詠まれている。永福庵ご住職から「小浜市太興寺栄松寺の山門は元永福庵に建てられていたもの」とお聞きした。

　　　　　　　　　　2020年(R2年)撮影

谷田部の春祭り

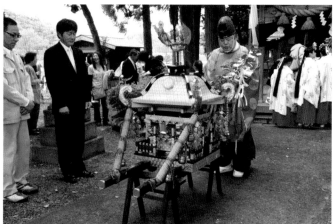

　谷田部の若宮神社春祭りは４月２９日(火)に「浦安の舞」を奉納され「子供神輿」が集落を巡行された。子供語り部の資料には「『浦安の舞』は昭和十五年に皇紀二千六百年の記念事業として全国の神社で奉納されたもので、昭和天皇がお読みになった『天地の神(あまつちのかみ)にぞ祈る　朝なぎの海の如くに　波たたぬ夜を』(もう一度繰り返す)に神社庁で曲を付け、振り付けされた神楽舞で、一回目は『扇の舞』で扇は檜で作られており、『火の扇』とも言われ、神様を前にして、全ての悪を振り払う舞い。二回目は『鈴の舞』で、世の中の安らぎを願う舞いです。浦安とは『心の安らか』であり、平和を祈る舞いと言い伝えれています。谷田部区では昭和十五年に奉納され、一時中断されましたが、延々７０年以上にも及ぶ伝統行事として、現在に至っています」(一部略)とあり、舞いの説明をされた。「浦安の舞」を４人が舞われ、拍子と歌を８人が披露され、その後、元気に子供神輿が集落を巡行された。集落は８０戸ほどで南川の左岸に位置し田園が広がる。根っ子の茎が曲がった「谷田部ねぎ」は地域の特産品である。

　　　　　　　　　　　　　　　　　　2014年(H26年)撮影

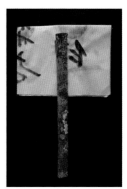

　野代の作り初めは1月11日(火)夜明けの午前7時に行われた。作り初めは田畑に若葉と祈祷札を立て豊作を願う行事である。その祈祷札は真言宗岩屋山妙楽寺で1月7日に作られ、御祈祷後に各家はお寺に貰いに行かれ、作り初めまでの間は各家の神棚にお祀りされる。作り初めは各家の近くの田んぼや畑で行われるが、この年は大雪で雪かきをし場所を確保した後に行われた。式次第はスコップで土を3度掘り起こし、若葉の枝を立て、その横に御祈祷札を立て、一升枡に入れたお米を数回その周辺に撒き、次に一合枡に入れたお塩を数回同じように撒かれた。礼拝は神が宿る山と言われている東の岩屋山に向かって日の出に行われ、若葉やお札はそのまま置いておかれた。お札はB4サイズの半紙に「牛玉寶印」と書かれ、中央に妙楽寺と記され、3ヶ所に朱印が押されており、直径2㎝、長さ25㎝ほどの棒に挟まれている。その棒の材質はハゼで、同寺で準備されお札を挟まれた状態で各家に渡される。妙楽寺は養老三年(719)僧行基が若狭巡歴の時、岩屋山に登り千手千眼の霊像を刻み岩窟に安置したと伝わる。像は甘四面の千手像・高さ176㎝・桧の一本作りで、後に建立された本堂と共に国重要文化財で、他にも県や市の指定文化財を保管される。また、同寺は北陸(3番)と若狭(19番)の観音霊場札所である。

　　　　2022年(R4年)撮影

野代のどんど焼き

　野代のどんど焼きは１月１６日(日)午前９時から行われた。どんど焼きは門松、竹、注連縄の正月飾りや書初め等を燃やす行事で、場所は北陸観音霊場第３番札所の真言宗岩屋山妙楽寺への参道入口で、岩屋山に向かって祭壇が作られ、同寺ご住職の祭祀により行われた。この日は冷え込みが厳しく道路は凍結し、転ぶ人もいる天気であったが風はなくどんど焼き日和に恵まれた。行事は「村づくりの会」が中心になって準備をされ、竹に挟んだお餅はどんど焼きの火で炙って食された。この火で焼いた餅を食すると一年中病気に罹らないと言われている縁起の餅である。どんど焼きは左義長とも呼ばれ、村境の道祖神を祀ったその前で行われる所もあると書物にあるが、　若狭地方では道祖神の石碑はほとんど見当たらない(おおい町野尻に正治元年源頼朝の時代1199年の石碑がある)。左義長は「宮中では１５日と１８日に吉書(きっしょ)を焼く行事で、清涼殿の東庭で青竹を束ね立て、毬打３個を結び、これに扇子・短冊・吉書などを添え、謡いはやしつつ焼いた」と広辞苑にある。

　　　　　　　　　　　2022年(R4年)撮影

野代のアサホコ神事

　アサホコ神事は真言宗妙楽寺境内に鎮座される「六所明神」と集落の「厳島神社」で５月３日(水)に前月のクチアケ講の当人が鉾を振って行われた。六所明神で五穀豊穣を祈願後、お供えの小豆飯を参列者に小分けし「雄蝶」と呼ばれる南部鉄瓶の急須でお神酒と共に頂く。小豆飯は直径２５、厚み６cmほどのご飯の上に、塩茹でした小豆を３cmほど盛り付けたものである。その後、境内の広場でアサホコ神事が行われた。当人の装束は直垂(ひたたれ)に烏帽子を頂き素足である。参列者は胸に扇子と「にがぎの枝」を差し、扇子を地面に広げ、その上に「にがぎの葉」を３回置き、田植えの仕草をされた後、当人は鉾を左右に３回まわし「♪アサホコにあゃ　駒立て並べ」と節をつけて声を出すと「♪げに何駒や　何駒をや　あし毛の御駒ぎ」と円形に並んだ参列者が答えるものである。「鉾の方向には『権現さん』をお祀りしている。なぜ鉾を振るのか、唄の意味も分からない」とお聞きした。南部鉄瓶の箱には嘉永の年号があり、４月のクチアケ講では「雌蝶」が用いられた。

2006年(H18年)撮影

野代の建前

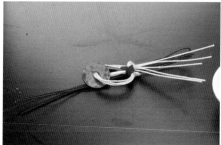

　野代の上棟式は地元では「たちまい」と呼ばれ9月2日吉日に行われた。式は家の柱や梁等の基本構造が完成して行われ、式後の無事も祈られる。式は棟梁と施主他9名が参加して行われ、祭壇には御幣や棟札、お多福の飾り物、鏡餅、水引に結ばれた五円、女性の持ち物、山海の幸等が並べられた。式次第は①二礼二拍手一礼、②祓え言葉、③奉り物開口(お神酒・水)、④降神、⑤祝詞奏上、⑥東西南北に塩・ご洗米・水引の五円を播く、⑦一の槌(「千歳楽・万歳楽」の声・「オウー」と答えて6槌打つ、「土金」の声・「オウー」と答えて一槌打つ)、⑧二の槌、　⑨三の槌、⑩二礼二拍手一礼、⑪昇神、⑫お神酒を頂くの順で行われた。「お多福や手鏡・帯等は式に参列できない女性の身代わりである。五円は御縁につながる」と棟梁からお聞きした。式後に餅やお金等が盛大に撒かれた。「餅は保存食、小銭は富の分配として地域の中で生活を円滑にするための習慣であった。この時の餅は火事に繋がる事から焼いて食してはならない」とお聞きした。上棟式の祝詞は「是の清の斎棟床を厳の磐境と祓ひ清め神離指樹て棟札に神鏡仰ぎ招き奉り座せ奉る、掛け巻くも畏き屋舟九久能智命・・・(このすがのいみむねどこを　いつのいわさかとはらいきよめひもろぎさしたてむねふだにみかがみあおぎをきまつりませまつる　かけまくもかしこきやふねくくのちみこと・・・)と続く。

　　　　　　　　2018年(H30年)撮影

生守の山の口講

　生守の山の口は３月３日(水)の２０時から午前０時過ぎまでと、翌日の１１時から昼過ぎまで８人が参加して行われた。山の口は３月と１２月の初亥の日に行われる。秋の山の口から春の山の口までの期間は「神様が種を拾い、木を数えられる」と伝えられ、この間の入山は禁じられている。お供えは２匹の鯛と８ヶ(14)の「まゆ」で、まゆは８人の当番が米を１勺ほど持ち寄り、すり鉢ですり潰し、水を入れ耳たぶほどの柔らかさにし丸めたもの(約長さ5㎝、直径3㎝)でお供え後、翌日の直会で焼いて食される。鯛は１日目が終わると持ち帰り焼いて、２日目の直会で少しずつ取分け食される。山の神の社は舞鶴若狭高速自動車道の建設で移動され鎮座された。「山の神様はウサギの姿をしておられ、春の山の口から里に下りられ田畑の豊作を見守り、秋の山の口で山に帰られる」とお聞きした。例年の直会は社務所に多数の人々が集まり弓八幡や四海波が唄われるが、コロナウィルスの全国的拡散で当番のみで行われた。ご祭神は「大山祇神」で山を司るとされる。

　　　　　　　　　　　　　　　　　　　　　　　2021年(R3年)撮影

伏原の愛宕神社火祭り

伏原の愛宕神社松明上げは、毎年7月第3日曜日（以前は7月15日）に行われた。神社は後瀬山頂上（標高168m）に鎮座される。この山に一色氏から若狭守護の座を奪った若狭武田氏の元光が大永二年(1440)に城を築いた。関ヶ原の戦い後、京極高次により新たに海城が築かれ役目を終えたが城跡が残る（国史跡）。松明は直径９０㎝、長さ４ｍで稲藁・麦藁・竹等を使用して作られ重さは約２００kgの大松明である。神社までの急な坂道を「ターイマッチャー！」「チョウサーヤ！」の威勢良い掛け声で山頂を目指した。松明は愛宕神社で神事の御灯明で点火された。平成二十六年は愛宕神社創建四百年になる事から修験者も参加された。麓では子供神輿や飾り屋台が巡行し、歌謡曲や踊り、太鼓演奏、餅撒き、盆踊りが行われた。

　　　　　　　　2014年(H26年)（①2002年H14年）撮影

伏原の発心寺寒托鉢

　曹洞宗霊松山発心寺は越前永平寺と共に曹洞宗の修行寺で、１月６日の寒の入りから２月３日節分までの最も寒い時期に僧修行の一環で寒托鉢が行われている。天気の良し悪しに関わらず、毎朝８時から昼頃まで、小浜市街へ寒托鉢が行われ、「チリン、チリン」と鳴る手振り鈴の音と「ホウー」と念じる大きな声が町なかに響く。その姿はあじろ笠に黒いマントを付け、白い脚絆、白足袋、藁草履、手には手振り鈴で、行列最後の僧は錫杖を手にされる。僧の中には藁草履に素足の方もおられる。発心寺は大永元年(1521)若狭守護武田元光により建立され、境内には国学者の伴信友の碑や歌人で与謝野鉄幹と親交のあった山川登美子の墓がある。鐘撞き堂では定刻に鐘が打たれ、近くの曹洞宗仏国寺の鐘の音と共に山すそに響く。寒托鉢は僧修行の一環であるので見学者は心を込めてお布施をし、修行である事を心に留めて拝見したい。

2005年(H17年)撮影

和久里の弓射ち神事

　和久里の弓射ち神事は４月２０日(火)に八幡神社で１０時より行われ、直垂姿の４２歳の厄年２人が弓射ちをされた。的の大きさは９０cm角ほどの畳に３重の丸が書かれており、高さ２mほどに吊るされ、９mほど離れた所から矢を３回射られた。的の裏に文字や記号は見当たらない。厄年該当者が不在の時は還暦の人が、それも不在の時は宮役員がその役をされる。八幡神社は『今富村史』(S49年・復刻版)によれば奈良時代「宝亀元年(770)豊前の国宇佐郡より勧請された」とあり、歴史ある社で大将軍・若王子を合祀される。舞鶴若狭高速自動車道建設に伴い発掘された隣接の木崎遺跡(弥生集落遺跡)から「若栗」と判読できる平安時代の墨書土器が出土していると県埋蔵文化財調査センターの報告書(H23年)にあり、現在の地名「和久里」に繋がっていると推測されている。狛犬は天保九年(1838)の銘が残る。

2021年(R3年)撮影

和久里の壬生狂言

　和久里の壬生狂言は宝篋印塔七年供養祭に奉納され、子年と未年の4月に3日間演じられた。狂言舞台は山から檜材を運び出し、皮を剥ぎ、磨いて柱とし、屋根は稲藁を編んだ藁葺きで、集落総出で組み立てられた。狂言は京都壬生寺の流れをくみ、「餓鬼角力、愛宕詣り、寺大黒、炮烙割り、とろろ滑り、花盗人、狐釣り、座頭の川渡り、腰祈り」の9曲あり、狐釣りと座頭の川渡りは京都で既に途絶えており、腰祈りは当地独自の演目である。お面は檜材で出演者がノミで彫られ、練習は前年12月から行われた。本番の演技はお面の表情と一体となり、無言でありながら声が聞こえてくる様であった。時にはアドリブがあり、滑稽な仕草には笑いの渦が起こり会場は連日満員であった。狂言は笛と太鼓、鰐口の演奏で、男性により演目毎に一人一役で演じられ、着付け等裏方も含めて集落総出であった。宝篋印塔は梵字の経文を書いて納めた石積みの塔を言う。狂言は文化十三年(1818)に上演記録が残り、平成四年(1992)には京都壬生寺の舞台で共演された。

2002〜2014年(H14〜H26年)撮影

和久里の田の神祭り

　和久里の田の神祭りは集落全戸が田植えを終えた６月１９・２０日(土・日)に集落の男子により行われた。この日は「五月休み」や「やすんぎょ」「泥落とし」とも呼ばれ、農作業はもちろん田んぼの畦道を歩く事もご法度で、身体を休める日とされている。初日に年長の大将の家で廣嶺神社宮司の祭祀が行われ、大将が玉串しを奉奠し始まった。田の神祭りは一日目は集落の田んぼを巡回し、２日目は集落の各家を巡回する。田の神祭りは小学生から中学一年生までの子供達で行われ、各家を巡回した時は祝儀を頂く。巡回後に祝儀は大将が独断で参加者の金額を決め、参加した子供達に分配するが、額の多少に大人は口出し出来ず、誰もが文句をつけられない掟になっている。流域での田の神祭りはこの地だけであるが、北川流域(若狭町から小浜市北部を流れる)では多くの集落で行われ、女児の参加も多く見られる。

2010年(H22年)撮影

和久里のお百灯

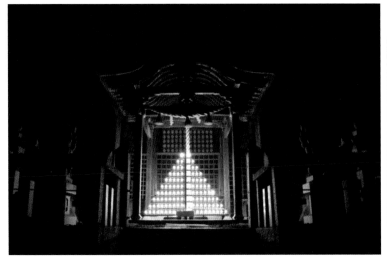

　和久里のお百灯は二百十日の８月３１日(月)と二百二十日の９月１０日(木)の２回八幡神社で行われた。この頃は台風の来襲が多い事から収穫までに、風雨で稲の倒れや水没、田畑に土砂の流入等これらの被害に合わない事を祈って行われる。春は豊作を祈り、夏は成育を願い、秋は収穫を感謝する一連の農事神事の一つである。「八幡神社の神前に飾られたお百灯は、以前はカワラケに菜種油を注ぎ、灯芯に火を点していたが、火災への配慮からＬＥＤ電球に代わった。子供の頃に見たカワラケのお百灯は、たくさんの灯明の火が微風でゆらゆらと揺れて幻想的だったのを覚えている」とお聞きした。今は夕方に点灯され２２時頃に片付けられる。以前は社務所で直会も行われていた。この時期は中手の稲の出穂の大事な時期との説もあるが、火は昔から信仰の対象であった事、百はお百度参りに繋がる事、たくさんの人々の願いが込められているので百灯なのかも知れない。流域では複数の集落でお百灯が行われ、二百十日に五穀成就祈願の松上げが中名田地区の２ヶ所で行われている。この時期に若狭町宇波西神社、美浜町弥美神社では風祈能が若狭能倉座により奉納されている。また、この日に風鎮祭が神社で行われる地方もある。

　　　　　　　　　　　　　　　　　　　2020年(R2年)撮影

カッパ信仰のガワラ豆

　祇園祭は７月中旬に２日間行われた。神輿は廣嶺神社を発輿し上竹原、府中を巡行し、漁船で下竹原へ渡御され１泊されて再び漁船で還御された。廣嶺神社は若狭小浜城主酒井家の産土神で、酒井家は江戸幕府の大老、幕末には京都所司代を務めた家柄である。江戸時代に描かれた「小浜祇園祭礼図」絵巻(廣嶺神社所蔵)は祭りの様子が克明に描かれ、三基の神輿や複数の山車、獅子舞、各種出し物、見物の女衆等１６００人余が描かれた賑やかな祭り絵巻である。当時は男山八幡神社へ御旅をされていた。現在は前述の３集落により行われ、絵巻の神輿や剣鉾、鎌鉾、障子出しが上竹原から府中の御旅所へ巡行し、その後、一行は漁船で下竹原の御旅所へ渡御され区内を巡行された。２日目は神輿が西津地区を巡行し、再び漁船で渡御され、大手町筋を巡行後に神社へ還御された。昭和時代に南川が改修され川筋が変わるまでは、府中への渡御の際は伝馬船で小浜湾と南川を遡り速さを競った。途中から川の中を担いだため、水難事故を防ぐ「ガワラ豆」が今もお供えされ食されている。ガワラ豆は蓼(たで)とワカメ、大豆を炒った物でカッパに尻を抜かれない(川で溺れない)と言われている。「蓼食う虫も好きずき」と言われる蓼であるがガワラ豆では苦さを感じない。お供えの２匹の重ね鯛や２匹のスズキ、マコモに包まれた握り飯、路地四辻の盛り砂、子供神輿に硬貨を投げ子供達が競って拾う事、お米を包んだ障子出し「鎌鉾取り神事」は特徴がある。奪った鎌鉾は魔除けとして玄関や神棚に祀られる。

一番町の雲浜獅子

福井県小浜市千種地区

　雲浜(うんぴん)獅子は毎年５月２・３日のお城祭りに奉納されている。西日本では珍しい１人舞いの獅子で、年老いた雄獅子と青年の獅子、若い雌獅子の３匹１組で舞われる。この獅子舞は武州川越から酒井忠勝が国替えで寛永十一年(1634)若狭小浜城主になった時、演者３０余名を関東組として連れて来られた事による。獅子舞は城内の祝典と土産神の廣嶺神社の祭礼以外は舞う事を禁じられていた。明治維新で関東組も離散したが、有志者が復活させ地名から雲浜獅子と呼ばれ、明治八年(1875)に小浜神社が創設されてから、お城祭りで奉納されるようになった。「舞いは序、破、急の３つからなり、笛と太鼓、１６節の歌詞で演じられ、全て舞うと１時間ほどかかる」とお聞きした。内容は老獅子が雌獅子を見つけて好きになり、雌獅子を隠し、青年の獅子と争いをするが、雌獅子が間に入り、両者が和解して仲よくなると言う流れである。神社では子供獅子や大人獅子が宮入し、２日目は最初に町内の南端から北端まで通りを舞いながら行進する。最終日は暗くなった頃に獅子頭の水引を上げ、笛方も菅笠を肩に演じながら本陣に帰る。水引には酒井家の裏家紋の井桁がある。平成二十六年に埼玉県獅子博物館主催の「獅子フォーラム」で埼玉県の獅子舞を拝見したが、獅子頭や衣装、舞い方も異なると感じた。

2014年(H26年)撮影

　六月祓(みなつきはらえ)神社の氏子は、小浜津島と小浜多賀で「かわそさん」は７月２８日に行われた。神社案内によると「慶長九年(1604)に祭祀が始まり祠が建てられ、明治十三年に社殿が造営され『六月祓神社』と命名され、慶長年間より『夏越の祓い(なごしのはらい)神事』が続けられてきた。それは半年間の罪けがれを祓う神事で『茅の輪』をくぐらせ、お祓いをして清め、邪心を和める意味がある。また、神社は安産、商売繁盛、海路陸路の交通安全のご利益がある」(一部略)とある。両区で「茅の輪」を作り、７月２８日の夜神社に神様が渡御される事を、提灯や２つの大太鼓を担ぎ太鼓の音と「よーした」の掛声で祭列が旧市街をふれ歩く。参拝者は茅の輪を左、右、左側に３度くぐって参拝された。神様は神社に２泊後に八幡神社へ夕方還御される。茅の輪右の「蘇民将来」は「牛頭天王に宿を貸した好意により、子孫に至るまで疫病を免れるよう約束された貧者の名で、転じて『疫病除けの護符』じたいも蘇民将来と言う」と『日本民俗事典』にある。

2016年①2005年(H28年①H17年)撮影

六月祓神社の神迎え

福井県小浜市小浜地区(津島・多賀)

　六月祓神社の神迎えは１１月２８日(火)夕刻より、八幡神社の宮司さんを迎え小浜津島と小浜多賀の役員１０人により行われた。神迎えは出雲大社へ集まって居られた神様を、お祀りしていた神社境内で火を焚き、煙を上げてそれを目印にご帰還願う行事である。お供えは７種で魚は重ね鯛、果物は三方の上に榊の小枝を敷きその上にリンゴと柿が載せられた。野菜は三方の上に大根の葉の部分を敷きその上に大根、牛蒡、人参、山の芋、生姜で、小宮さんのお供えは油揚げをされた。神事は神社拝殿と小宮さんで行われ、その後、境内中央で丸い一斗缶に稲わらを入れ燃やされた。迎え火は「海そばで海風が強く吹く事と住宅地が近くにある事から簡素化した」とお聞きした。神事後に隣りの会館で直会が行われた。

2017(H29年)撮影

小浜津島の神楽

　津島の神楽は９月中旬に放生祭りで隔年毎に２日間、八幡神社や旧小浜市街２４区の本陣等で奉納や披露をされた。神楽の曲目は「揚ばい・布袋・ほーえん祭・兵蔵・津嶋・掛合い・唐子・名月・吉田・三輪・ランテキ・宮入」の１３曲を伝承されている。演奏は男女児童を含み太鼓は編み笠、笛は顔を隠した被り物を付けた着物姿で、腰帯には予備の笛を差す。神楽屋形は前押し屋形と獅子頭と太鼓２つが載せられた太鼓屋形の二つである。放生祭りの前身は若狭藩主酒井家の氏神である廣嶺神社の祇園祭で、「江戸初期の寛文十一年(1671)には木賊山の練り物を出していたが、９０年前の昭和三年から神楽を奉納している」とお聞きした。練り物とは役者や作り物を中心に練り歩く行列の事で、江戸後期には山車や屋台、練り物が城下町を練り歩き、見物人を含め千六百人余が祇園祭に参加している賑やかな絵図が廣嶺神社に残る。

2009年(H21年)撮影

　多賀の獅子は放生祭りで男山に鎮座される八幡神社と旧市街２４区の本陣等で隔年毎の９月中頃に２日間披露された。獅子は小浜藩関東組から獅子舞の技芸を受け継いだ団体より明治四十一年(1908)に習ったとされる。獅子の組は小獅子・中獅子・大獅子があり、小学生から青年までが担当する。獅子舞は雄の老獅子と若獅子が雌獅子を奪い合い、最後は円満に仲直りをする筋書きで、途中で獅子は膝まずき獅子追いの誌が入る。１曲全てを舞うことを「ひとにわ」と呼び、６０分ほどを要し大獅子が舞う。小獅子は三分の１、中獅子は３分の２を習得する。「ひとにわ」は八幡神社と獅子の演目区の本陣で舞われる。「頭の羽はヤマドリで、老獅子の白い羽はコウノトリ」とお聞きした。頭から垂れる布は御簾と呼ばれ文字は多賀区の「多」を図案化している。胸太鼓は直径２０cm長さ２５cmほどの締め太鼓である。獅子の背中には２本の幣がある。

2012年(H24年)撮影

城内の組屋地蔵尊祀り

　城内の組屋地蔵尊は小浜城の一角、道路に面してあり、道行く人々がお参りして通られる。この地蔵尊には哀しい物語がある。「この地蔵尊は慶長六年(1601)小浜城築城の際に人柱を立てる事になり、当時の豪商組屋六郎左衛門が憐れ己の愛娘を人柱に献じてその責を任じたるも、寛永十一年酒井忠勝公が城主になり、城代家老三浦帯刀が毎夜蜘蛛手櫓の近くにて女の忍び泣く声がすると聞き、娘の憐れ悲しき物語を知り一体の地蔵尊像を造り供養をつくしてこれを『組屋地蔵』と号し、永く本丸守護の護りとした」と説明板にある。組屋は「豊臣家や領主の保護をうけて、廻船・貿易業者として活躍し、慶長五年(1600)の京極高次、寛永十一年(1634)酒井忠勝など代々藩主の初入国の際には、組屋に逗留し吉日を選んで入城することを例とした」(抜粋)と『小浜市史』にあり、地域で格式の高い大豪商であった。地蔵尊は近所の方が都度お世話をしておられる。

　　　　　　　　　　　　2018年(H30年)撮影

小浜神社のお城祭り

福井県小浜市雲浜地区

　お城祭りは小浜城内本丸跡の小浜神社に奉納される祭りで５月２・３日に行われた。５つの区がお城太鼓、雲浜大太鼓、山手大太鼓、子供神輿、雲浜獅子を奉納され地域内を巡行している。太鼓には２～３人が一組となる棒振りが付き威勢が良い。豊栄の舞は舞台で演じられた。「小浜城は関ヶ原合戦後、藩主は京極高次となり、寛永十一年(1634)京極忠高が松江に転出後、酒井忠勝が藩主となり、小浜城天守閣を寛永十三年(1636)に完成させ、それから２３８年間居城となったが、明治初期に改修中火災で、石垣を残すのみとなった」(『わかさ小浜の文化財』・一部略)とあり、南川と北川に挟まれた河口の海城であった。城内区のお城太鼓は小浜城の時報太鼓として使われていたもので、延宝九年(1681)の文字が残る。小浜城は県史跡である。

　お城の写真は平成十八年頃に天守閣の模型が一時的に再現されたものである。

2016年(H28年)撮影

参考資料 「頭巾山登山記念しおり」-京都府南丹市鶴ヶ丘少年団発行・平成27

「小浜城下絵図」-『小浜市史通史編上巻』・小浜市役所発行・平成4年

「研磨炭製造技術」-木戸口武夫著

「小山郷六斎念仏パンフレット」-小山郷六斎念仏保存会発行

「瑞龍山興禅寺由緒」-興禅寺発行

「六斎念仏の世界」講座資料-柿本雅美著・2018年

「六斎念仏の分布と芸能」-上田春美著・和歌森太郎編・『若狭の民俗』・吉川弘文館発行・昭和41年

「小浜における壬生狂言の上演記事」-垣東敏博著・『えちぜん・わかさ』第16号・福井民俗の会発行・平成13年

「島根県における小正月の来訪者行事について」-石山祥子著・『ふくい無形民俗文化財第41号』・令和元年

「和久里の壬生狂言」-垣東敏博著・『福井県の民俗芸能』・福井県教育委員会発行・平成15年

『安倍晴明公ゆかりの天社土御門神道の祭り』-須川建美著・令和元年

『伊勢大神楽』-野津龍著・日本写真出版・平成22年

『祈りの勧請綱まつり』-須川建美著・平成26年

『今富村誌』-木村彦著・今富公民館・1974年

『うきたつ人々』-福井県立若狭歴史博物館・平成30年

『越前若狭の伝統工芸品』-福井県産業労働部地域産業・技術振興課

『小浜市口名田郷土誌』-口名田郷土誌編纂委員会編集・口名田公民館・平成14年

『小浜市中名田郷土誌』-小浜市中名田公民館・昭和61年

『小浜市の伝統行事と食』-御食国若狭おばま食文化館発行・2016年

『小浜放生祭総合調査報告書』-小浜市教育委員会・令和2年

『御大典記念　福井県神社誌』-福井県神社庁・平成6年

『結成五十周年記念誌「半世紀のあかし」』-小浜市郷土誌研究会編集・小浜市郷土誌研究会・平成19年

『県埋蔵文化財調査報告書113』-福井県埋蔵文化財調査センター・2006年

『祭礼行事「柱松」の民俗学的研究』-小畑紘一著・岩田書院発行・平成30年2018年

『獅子頭』-福井県立若狭歴史民俗資料館・平成20年

『獅子の民俗』-古野清人著・岩崎美術社・1968年7月

『諸国をめぐる伊勢大神楽・春の丹波に獅子が舞う』-亀岡市文化資料館・平成21年

『新陰陽道叢書古代第一巻』-宮崎真由著・2020年

『図説安倍晴明と陰陽道』-大塚活美・河出書房新社・2004年

『第10回全国獅子舞シンポジュウムイン白岡発表資料集』-獅子博物館・平成26年

『名田庄と土御門家』-おおい町暦会館

『名田庄のむかしばなし』-名田庄村教育委員会・1990年

『日本人なら知っておきたい陰陽道の知恵』-武光誠著・河出書房新社・2010年

『日本民俗語大辞典』-桜楓社・1983年

『日本民俗大辞典』-吉川弘文館・1999年

『仏教民俗事典』-新人物往来社発行・昭和61年

『まつり49号特集若狭』-まつり同好会・昭和63年

『歴史と民俗学』-森志郎著・岩崎美術社発行・1967年

『若狭小浜今昔物語』-木村碓太郎著・昭和56年

『わかさ小浜の文化財』-小浜市教育委員会発行・平成2年

『若狭町の戸祝い・キツネガリ』-若狭町伝統文化保存協会発行・平成27年

『わかさ名田庄村誌Ⅰ・Ⅱ』-名田庄村発行・昭和46年・平成16年

『若狭の田の神祭り』-県立若狭民俗資料館発行・昭和60年

『若狭の歴史と民俗』-永江秀雄著・吉川弘文館発行・2012年

『一人立ち三頭獅子舞の成立を探る』-高橋祐一著・H26年

『苅田比賣神社秋季大祭について』-下区作成資料・平成21年

『広辞苑』-岩波書店・1995年

『神と霊魂の民俗』-赤田光男著・雄山閣・1997年

『正倉院の伎楽面』-平凡社・昭和47年

『正倉院寶物7・南倉Ⅰ』-毎日新聞社・平成7年

『和久里壬生狂言』-須川建美著・平成31年

『和久里壬生狂言関連資料』-和久里壬生狂言保存会

各施設のパンフレット・説明案内板-各市町教育委員会・各団体・各施設発行

『写真で綴る　若狭南川流域の民俗行事』について

若狭路文化研究所 副所長　　垣東 敏博

民俗写真家須川建美氏による記録写真集

　本書は、小浜市在住の写真愛好家 須川建美氏がおよそ20年かけて調査・撮影してきた、南川流域に伝承されている数多くの民俗行事を写真で紹介したものである。

　須川氏は定年退職後に写真撮影をはじめ、主たる撮影対象を、地域に残る祭りや年中行事などにねらいを定めて活動してきた。これまでに『和久里壬生狂言』『和久里壬生狂言もう一つのドラマ』『若狭のまつり「宮川郷全光寺滝不動尊大祭」』『お盆のお精霊舟』『王の舞い』『天社土御門神道の祭り』といった若狭路の祭りや年中行事に関する写真集を自費出版している。

　また、若狭路から近畿地方各地にみられる勧請綱の行事を追いかけた『祈りの勧請綱まつり』正続2冊、福井県内に残る庚申講や庚申塔などの庚申信仰について丹念に調査し、さらには全国各地の主な事例もとりあげ紹介した『健康と諸願成就を祈る 庚申さん』と、若狭路の民俗行事を全国的な広がりの中でとらえた写真集も手がけた。このうち『健康と諸願成就を祈る庚申さん』は若狭路文化研究所の前身である若狭路文化研究会から、若狭路文化叢書の第13集として刊行したものである。

　このように、須川氏は単に「絵になる」祭りや行事を追いかける写真愛好家ではなく、テーマを設定して、祭りや行事をひとつひとつ丁寧に撮影記録していく民俗写真家としての仕事を積み重ねてきたことがわかる。

　本書は、そうした民俗写真家としての須川氏の面目躍如といえる写真集である。自らも南川下流域の小浜市生守に居住する須川氏が、上流域のおおい町名田庄地区から中流域の小浜市中名田・口名田地区、そして下流域の小浜市今富・雲浜・小浜地区にかけて伝承されている祭りや年中行事、民俗芸能のなかから、81にのぼる多数の民俗行事を、何年もかけて調査し、撮影した写真を収録したものである。

　1行事を1頁に収め、各頁には、少なくて6枚、多いものは17枚と、平均して10枚以上の写真を掲載し、それに簡単な文章を添えて各行事を紹介している。須川氏は、本来神仏に奉納するために行われている行事と、それを伝承する地域の人々に敬意を払い、一つ一つの行事に対して「最初から最後まで見せていただき写真を撮らせていただく」ことを自らに課している。前日までに行われる諸準備等もできるだけ調査するようにしているといい、名田庄三重尾之内の松上げの調査では、京都愛宕神社への代参にも同行している。見習うべき調査・撮影の態度・心構えであり、こうして撮影された須川氏の写真からは、行事の流れや内容がよくわかるのはもちろん、それぞれの行事の雰囲気、空気感といったものまでが伝わってくるように思われる。

　また本書には、集落全体で行われる民俗行事だけでなく、集落のうちの同姓の家の集まりである株ごとに行われる株講や地の神講、そして、正月11日の作り初めや、卯月八日のテントウバナなど、各家で行われている行事もとりあげられている。また、実施日の決まった年中行事ではなく、新築の家の建前なども撮影されている。これらは、普段から地域の人たちとの関係を密にして、情報収集を怠らない須川氏であればこそ撮影できた写真だといえよう。

こうして、本書に紹介されている81の行事のうちには、これまでほとんどその存在が知られておらず、今回須川氏の写真によって初めて紹介される行事がいくつも含まれている。小浜市和久里の弓射ち神事もその一つだろう。私は以前勤務していた福井県立若狭歴史博物館の常設展示で紹介するために若狭各地に残る弓射ち神事を調査したことがあるが、和久里でも行われていることはまったく知らなかった。しかし、改めて調べてみると、江戸時代の史料によれば、二月廿日の大将軍の祭りに、「ヤフサメ之マ子ヒ」（『若州見分記』）、「ヤブサメノ真似」（『若耶一國亀鑑』）が行われていたことが記されているのである。地道で緻密な調査の必要性について、改めて須川氏の仕事から教えられた。まだまだ調査が必要な祭りや民俗行事は、若狭路に数多く埋もれていることと思われる。

　年中行事は、同じ日に同じような行事が各地で行われるため、限られた地域内であっても、すべてを調査することは簡単なことではない。とくに、一つの行事を最初から最後まで見ることにこだわり、調査のはしごをしない須川氏であればなおさらである。しかし、それにもかかわらず、須川氏は南川流域で行われている松上げ行事について、現行のものについてはほぼすべてを調査し、本書で紹介することに成功している。その撮影日付を見ると、最も古いもので2004年、最も新しいもので2019年だから、足かけ16年かかっていることになる。これほどの長期間、この行事を追いかけ続けた須川氏の熱意と、求道者のようなある種の責任感に対し、本当に頭が下がる。

南川流域の民俗行事の特色

　南川流域にみられる松上げ行事の分布については、すでに八木透氏の「愛宕信仰と松明行事」（『京都の夏祭りと民俗信仰』八木透編著、昭和堂、2002年）のなかでほぼ正確に把握されており、西の佐分利川流域に分布するオオガセと南川流域の松上げのまさしく中間的な形態を、小浜市小屋のデンデコが示していることなども指摘されていた。しかし、現行の南川流域の松上げのほぼすべてを実見しているのは、おそらく須川氏だけであろう。

　松上げのような「柱松」の行事は、福井県内ではこの南川流域にしかみられない。松上げは、この地域を特色づける民俗行事といってよいものである。須川氏は、全国の「柱松」行事の調査研究を行った小畑紘一氏の仕事にも触発され、南川流域の松上げ行事についての調査を進めた。現行の地区だけでなく、過去に行われていた地区にも出かけ、古老から話を聞くなどの調査を行っている。その成果は一覧表や分布図を含め、巻頭の「２）南川流域の民俗行事について」の「①松上げ」として、５頁半にわたってまとめられている。

　さらに、「②和久里壬生狂言」「③神楽」「④獅子舞」…と、この地域の特色ある民俗行事についてまとめられている。１行事１頁で紹介されている各集落の行事は、南川上流から下流へ、同一集落の場合は日付順で配列されているため、同種の行事について、巻頭でそれぞれの概要を示すとともに、他地域の伝承も参考にしながら、南川流域における特色等についても解説する文章となっている。巻末に掲載された参考文献などでよく勉強されており、教えられることも多いが、いくつか疑問に思う部分や補足しておきたい点などがあるので、少し指摘しておきたい。

　まず、「③神楽」についてである。『日本民俗大辞典』により、巫女神楽・採物神楽・湯立神楽・獅子神楽の分類が紹介されるが、南川流域の「神楽」はこのいずれにも該当させるのは難しい。江戸時代に小浜城下の天王社（現廣嶺神社）祇園祭礼の練物行列の中に「神楽太鼓」として登場してきたもので、伊勢大神楽が「お宮さん」と呼ぶ荷長持に似た屋台にとりつけた大小の太鼓と笛によるお囃子

を演奏するものである。一軒一軒獅子頭で悪魔祓いや竈祓いをしたりするようなことはない。あくまで祭礼の出し物であり、「神楽」と称するものの、民俗芸能の分類としては、「神楽」よりも「風流」に位置づけられべきものであろうと思われる。

　「④—1）一人立ち三頭獅子舞」は、参考文献にあげられている高橋裕一氏の著書で「三頭獅子舞」の用語が使われているらしいが、これまでは一般的に「三匹獅子舞」の語が使われて定着している。『三匹獅子舞の研究』（笹原亮二著、思文閣出版、2003年）という研究書もある。最近は「三頭シシ踊り」の語を用いる研究者もいるが、獅子の数の数え方として「頭」か「匹（疋）」かとこだわってみてもあまり意味はないだろう。小浜では、江戸時代の史料には「獅子」とも「獅子舞」とも書かれ、「爰に獅子三疋」と記したものもあり（逆に三頭と記したものは未見）、「三匹獅子舞」でよいのではないかと思う。三匹獅子舞に関していえば、117頁の「小浜多賀の獅子」のところで、「「頭の羽はヤマドリで、老獅子の白い羽はコウノトリ」とお聞きした」とある。現在の雲浜獅子の獅子頭を製作した業者によれば、ヨーロッパ産の黒鶏の尾羽根を用いたとのことであり、明治四十三年（1910）頃にも東京の貿易商から入手していた記録がある（『獅子頭』福井県立若狭歴史民俗資料館、2008年）。したがって、ヤマドリ・コウノトリという説は極めて信憑性が低い。地域の人が実際にそのように話していたのだとしても、誤った説を広めてしまうことになりかねず、確認作業は必要であろうと思われる。

　「⑦流域の大太鼓」には、小浜神社のお城まつりに出る城内・山手・雲浜の大太鼓も含まれているが、これらは三人一組の棒振りのものである。しかし、これ以外の南川流域のものは、すべて二人一組の棒振りとなっており、また、同じ二人棒の演技でも二種類のものが披露されるのが、この地域の特色であることが指摘できる。

　あわせて「⑧祭りの道化役」のなかで紹介されているヤセも、南川流域にだけみられるものである。江戸時代の天王社の祇園祭礼において、神輿の渡御行列のなかに登場していたものが、この地域に伝わったものと考えられる。京都府南丹市美山町田歌のものも、この地域につながる伝承だと思われる。同じく道化役の「オコベ」について「大首」の字があてられているが、オコベは「オーコーベ」すなわち「大頭」が正しい。「王の舞（オーノマイ）」が「オノマイ」、「大御幣（オーゴヘー）」が「オゴヘ」、地名の「阿納（アノー）」や「麻生野（アソーノ）」が「アノ」「アソノ」というように、延ばす音を短く省略してしまうのが若狭の言葉の特色である。明和四年（1767）の『稚狭考』は「大かうへは、いかにも大きなる頭を紙にて作り、かふり、口の所より両眼見通す事なり。これをみなから人のかしらいれて、団扇を携へるなり」と正確に記している。以前、小浜市神宮寺の六斎念仏のオコベは、「大頭」と大書された大きな団扇を持っていた。

　以上、気のついた点をいくつか指摘させてもらった。先行の調査研究や歴史的な史料などに対しても幅広く目配りいただくことで、調査成果をますます充実したものにされていかれることを期待したい。

『写真で綴る　若狭南川流域の民俗行事』刊行の意義

　しかし何といっても本書の最大の意義は、須川氏がこの20年の長きにわたって撮りためた多数の写真によって、南川流域に分布する数多くの民俗行事が詳細に記録されていることである。地域の民俗行事の写真記録誌として、画期的な出版物といえる。

　ご多分に漏れず、若狭路の民俗行事は、少子高齢化や過疎化、進学・就職による若者の流失等によ

る担い手不足の問題が年々深刻化してきており、伝承の危機に直面しているものが多く、やむなく中止にいたったものも増えている。それに加えて、この三年に及ぶコロナ禍により多くの民俗行事が中止されてしまっており、このまま復活できず廃絶されてしまうものが増えるのではないかと危惧されるところである。

　もちろん本書で紹介されている行事も例外ではない。本書に収められた須川氏の写真は、この地域の民俗行事の貴重な記録写真として、時間の経過とともにますますその価値を高めていくことになると思われる。

　本書収録の写真枚数は、1,000枚を超えている。これだけの数の写真を掲載した場合、通常なら多額の印刷経費が必要となる。しかし、本書は須川氏自らが表計算ソフトのエクセルを使って全頁のレイアウトを作成し、それをＰＤＦに書き出したデータを使用することで、安価におさえることが可能となった。ちなみに、須川氏がこれまで自費出版で出してきた写真集は、一頁ずつ自宅のインクジェットプリンターで印刷し、それを自前で製本するという、本当の手作りで刊行されてきた。写真撮影のみならず、ページレイアウト・印刷・製本にいたるまで、民俗記録の写真集刊行にかける、須川氏の熱意や根気、そして執念といってもよいほどの真摯な思いに対し、ただただ敬服するばかりである。

　本書『写真で綴る　若狭南川流域の民俗行事』は、当研究所の前身である若狭路文化研究会から引き継ぐシリーズの若狭路文化叢書の第18集として刊行するものである。若狭路文化研究会は、舞鶴若狭自動車道の建設等によって嶺南地方の貴重な民俗文化が変容・衰退していくことを危惧された、故稲沢俊一元県教育長のご発案をうけ、（公財）げんでんふれあい福井財団の多大なご支援をいただいて、貴重な民俗文化の記録・保存・継承と、民俗資料の収集・調査・研究活動を行い、地方文化の発展と向上に寄与することを目的として、平成11年4月に発足した。この、当初からの目的に最も適った活動を続ける須川氏の渾身の成果を公刊できることを喜ぶとともに、多くの方々に広くご活用いただけることを願うものである。

あとがき

　南川流域の民俗行事を尋ねて２０年が経過するのを機に、その時々の様子を振り返ってみたいと思い冊子にまとめた。

　動的な祭りは見ている側にも元気と活力を与え、明日への英気が生じ、何回見ても飽きる事はなく、いつの間にか引き込まれ祭り囃子を口ずさんでいたりする。子供達の元気な声や子供らしい所作、大人達のきびきびした演技や演奏、乙女達の舞いどれもが素晴らしい。その晴れ舞台の裏には演者達の地道な練習の積み重ねとそれを指導する大人達双方の努力がある。静的な祀りには凛とした空気と厳かさを感じる。この流域のまつりは「観光目的の人集め」でなく、昔から支えてきた「おらが村のまつり」で、集落の人々が支え演じるその誇りを感じる。

　「１０年ひと昔」と格言にあるが、その間に少子高齢化は進み、一次産業から二次、三次へと年々その割合が大きくなり、職業の多様化や勤務体系が複雑化し、人々の時間的都合の一致が困難さを増し、価値観の変化もあり、祭りを取り巻く状況は厳しさを増す。やむを得ず複数の出し物が合同で一つになったり、山車が無くなったり、道化役がチョッカイをだしては揶揄っていたのが大人しくなったり、中止に追い込まれたものもある。困難さが増しても「子供の頃に出演したり、見た祭りはいつまでも心に残るから何としても残したい」とお聞きするとその熱意に敬意をおぼえる。ましてや復活された民俗行事を拝見すると、その努力と団結力に心を揺さぶられる。行事を拝見している小生は、それらを催行されている人々の汗の匂い、笑い声、会話や支えている人々、手を合わせて祈る心等々が滲み出る写真を！と念仏の様に唱えながら拝見させて頂いているが、それが表現できているか？教えて頂いた事柄に間違いがないか？と写真やメモを見ては毎回自問自答している。

　令和元年(2019)から新型コロナウィルスが世界的に感染拡大し、令和二年(2020)の東京オリンピック、パラリンピックが１年延期になるなど多くの行事が見直され、無観客や中止、略式で行わざるを得ない状況となった。令和四年(2022)もその影響が続き楽しみに計画していた行事を拝見出来ずに残念な思いでいる。新型コロナウィルスが収束するのを祈るばかりである。

　この冊子に掲載の民俗行事は実施されている行事の一部でしかないが、その様子や雰囲気、集落の人々の熱意や心意気を少しでも表現できていれば幸いである。民俗行事は実施するに至るまでに何らかの理由があって始められ、それをする事によって集落の団結や協調の大きな源にもなってきた。親から子へ、子から孫へと代々受け継がれてこられたこれらの民俗行事が、今後も受け継がれていく事を切に願っている。

　民俗行事を拝見させて頂き・教えを頂いた集落の皆様や、おおい町暦会館の谷川泰信前館長、中名田公民館大岸正彦現館長、林茂晴元館長や関係機関の皆様、当誌発行に際し若狭路文化研究所多仁照廣所長や会員の皆様、特に垣東敏博若狭路文化研究所副所長にはご寄稿と多大なご指導を頂きました事に深謝し、公益財団法人「げんでんふれあい福井財団」の御援助を頂きました事に感謝申し上げます。

須川建美

著者略歴

須川建美（すがわ・たつみ）

昭和22年（1947年）三重県に生まれる

平成12年（2000年）福井県小浜市の写真クラブに入会

平成19年（2007年）写真月刊誌『日本フォトコンテスト』(株式会社日本写真企画発行)-2007年10月号
「一生懸命フォトグラファー列伝に掲載」

平成21年（2009年）「ダイドードリンコ 日本の祭り」『遺せ伝統・魂の螺旋』に写真愛好家として出演

平成23年（2011年）『若狭のまつり お盆の精霊舟』-自費出版

平成24年（2012年）『福井県の茅葺建築物』ー森の郷中名田産物組合発行
文化庁「ふるさと文化財の森システム推進事業」より補助

平成26年（2014年）『祈りの勧請綱』・『(続)祈りの勧請綱』-自費出版

平成27年（2015年）福井民俗の会、若狭路文化研究会会員

平成28年（2016年）『健康と諸願成就を祈る 庚申さん』-若狭路文化研究会より発行

平成31年（2019年）「野の花文化賞」受賞ー財団法人 福井県文化振興事業団

令和元年（2019年）『和久里壬生狂言』・『陰陽師安倍晴明公ゆかりの 天社土御門神道の祭り』-自費出版

若狭路文化叢書　第18集

写真で綴る 若狭南川流域の民俗行事

2022年10月15日 発行

編集・発行………若狭路文化研究所
〒 919-1203　福井県三方郡美浜町菅浜70-8-2

著　　者………須川 建美（すがわ・たつみ）

協　　賛………(公財)げんでんふれあい福井財団
〒 914-0051　福井県敦賀市本町2丁目9－16
電話 0770-21-0291

制作協力………山本編集室
〒 918-8013　福井県福井市花堂東1丁目4－15
電話 0776-34-7178　FAX 0776-50-1663

発　売　元………有限会社 岩田書院
〒 157-0062　東京都世田谷区南烏山4－25－6－103
電話 03-3326-3757　FAX 03-3326-6788
http://www.iwata-shoin.co.jp

ISBN978-4-86602-824-8　C3339

若狭路文化叢書の出版物

若狭路文化叢書　第1集

影印本　福井県神社明細帳

—敦賀郡・三方郡・遠敷郡・大飯郡—　A4判　524頁　頒価

若狭路文化叢書　第2集

若　州　良　民　伝

B5判　376頁　頒価

若狭路文化叢書　第3集

錦　耕三遺稿集Ⅰ・別冊

若 狭 路 の 祭 り と 芸 能　A5判　550頁　頒価

若狭路文化叢書　第4集

錦　耕三遺稿集Ⅰ・別冊

若 狭 路 の 暮 ら し と 民 俗　A5判　531頁　頒価

若狭路文化叢書　第5集

福井県三方郡編

若 狭 路 の 民 話　田中文雅 編・著　B5判　220頁　頒価

若狭路文化叢書　第6集

岡田孝雄遺稿集

近世若狭湾の海村と地域社会　A5判　456頁　頒価

若狭路文化叢書　第7集

影印本　滋賀県物産誌

—首巻・敦賀郡—　B5判　396頁　頒価

若狭路文化叢書　第8集

影印本　滋賀県物産誌

—三方郡—　B5判　272頁　頒価

若狭路文化叢書　第9集

影印本　滋賀県物産誌

—大飯郡—　B5判　308頁　頒価

若狭路文化叢書の出版物

若狭路文化叢書　第 10 集

大谷信雄 著

島山神社社記
大島村漁業組合沿革誌

A5判　198頁　頒価

若狭路文化叢書　第 11 集

若狭湾沿岸の
##　　産小屋資料集成

A5判　356頁　頒価

若狭路文化叢書　第 12 集

水戸天狗党敦賀関係史料

A5判　370頁　頒価

若狭路文化叢書　第 13 集

福井県のまつり

健康と諸願成就を祈る　庚申さん

A4判　144頁　頒価

若狭路文化叢書　第 14 集

影印本　気比宮社記（上巻）

A4判　340頁　頒価

若狭路文化叢書　第 15 集

影印本　気比宮社記（下巻）

A4判　380頁　頒価

若狭路文化叢書　第 16 集

敦賀湊北前船主　大 和 田 日 記

B5判　316頁　2,400円

若狭路文化叢書　第 17 集

若狭あどうがたり集成

採話・編集／金田久璋　　解題／田中文雅
再話／ふくい昔ばなし大学再話研究会

A5判　302頁　2,400円